PENSÉES

SCIENTIFIQUES, PHILOSOPHIQUES, RELIGIEUSES

D'UN

ARABE DE L'ALGÉRIE

PAR ADOLPHE DEITTE

Garde du Génie de première classe

Connais-toi toi-même !
THALES.

Ce fut le seul serment qu'il me demanda.

TROYES,
CARDON, IMPRIMEUR-ÉDITEUR,
Rue Moyenne, 2.

PARIS,
GARNIER FRÈRES, LIBRAIRES.
Palais Royal, galerie d'Orléans.

1853

PENSÉES

D'UN

ARABE DE L'ALGÉRIE.

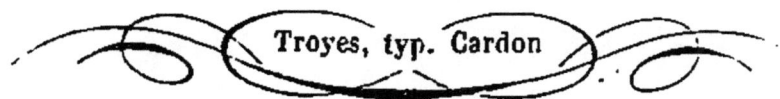
Troyes, typ. Cardon

VUE D'ORAN, PRISE DU CHATEAU-NEUF.
Dessin de Ch. Fichot d'après Ad. Deitte.

PENSÉES

SCIENTIFIQUES, PHILOSOPHIQUES ET RELIGIEUSES

D'UN

ARABE DE L'ALGÉRIE,

PAR ADOLPHE DEITTE,

Garde du Génie de première classe.

Connais-toi toi-même !
Thalès.

Ce fut le seul serment qu'il me demanda.

TROYES,
CARDON, IMPRIMEUR-ÉDITEUR,
Rue Moyenne, 2.

PARIS,
GARNIER FRÈRES, LIBRAIRES,
Palais Royal, galerie d'O. léans.

1853

PRÉFACE

—

L'ouvrage que je soumets à l'impartialité de mes lecteurs a pour mission principale de détruire les fâcheuses préventions qui sont répandues en France contre notre belle colonie d'Afrique, et de ramener ces oppositions systématiques à leur juste valeur; de faire sentir à mes lecteurs, par les rapports fréquents que j'ai eus avec les indigènes d'Afrique, que les cœurs sont sympathiques partout, que l'amitié efface même le nuage que les chocs de la guerre dans les diverses époques de notre conquête ont pu former. Aujourd'hui que la paix dispose à de plus doux sentiments, n'y a-t-il pas lieu de conclure à quelque partialité dans le jugement qui a été porté et que l'on continue d'avoir sur l'Algérie et sur les Arabes?

Oui, il est des écrits, dont je passe sous silence le nom des auteurs, qui portent quelques perturbations dans les idées des familles qui voudraient émigrer; mais il est impossible que ces auteurs aient habité l'Algérie : s'ils avaient vu ce beau ciel, ce beau climat, ce pays admirable, ils n'auraient pas écrit ainsi; ils ne se seraient pas attachés à démontrer que l'Algérie ne peut devenir une colonie florissante; que cette auréole de gloire et de prospérité qui préside à la progression des jeunes États ne pourra se montrer pour notre colonie d'Afrique : que c'est une illusion que l'on caresse, mais qui ne se réalisera pas. Ce n'est donc que d'après des récits mensongers que ces auteurs se sont formé une opinion qu'un grand savoir a pu étayer de quelques aperçus qui offrent de l'attrait par la manière dont ils sont présentés.

Le plus grand ennemi de la colonisation, il faut bien le dire, c'est le soldat congédié : pour se faire valoir aux yeux de ses compatriotes, il n'hésite pas à exagérer les souffrances qu'il a eues à supporter; il poétise sa position par des récits de combats, de razias fantastiques : de là le refus motivé du cultivateur pour se rendre en Algérie.

Mais c'est parce que j'ai habité l'Algérie pendant six années; que j'ai vu par moi-même tous les succès agricoles de mes chers compatriotes voués de cœur à la prospérité de notre belle colonie, et parce que je vois tous les nobles efforts de notre Gouvernement pour arriver à fonder dans ce pays un élément de succès durable, que je n'ai pas hésité à livrer à la publicité les impressions que ce pays m'a données; que je n'ai pas hésité à faire connaître mes conversations avec des Arabes instruits, et dont l'arabe Si-Ben-Kassem représente le type le plus parfait. Seulement ce nom est un pseudonyme : c'est le voile qui couvre cet ami qui a désiré rester inconnu.

Dans cet ouvrage, qu'animent des récits pittoresques, on y voit deux personnes liées par le sentiment de l'amitié s'occuper de leur pays. C'est un Arabe qui a compris tous les avantages que sa nation doit obtenir de l'occupation de l'Algérie par la France, et c'est un Français qui a vu tous les éléments de succès, tout le parti que l'on peut retirer de l'Algérie par la colonisation.

Ce beau pays ne serait-il réduit qu'au rôle qu'on lui assigne, qu'il rendrait encore un service immense à nos populations qui pourraient y trouver, de l'aveu même de ceux qui ressentent un médiocre intérêt pour cette colonie, de quoi pourvoir à leur subsistance?

On pourrait y convier non-seulement les cultivateurs, mais aussi la population ouvrière des villes, ce trop plein qui chôme souvent trois jours sur six, et dont les enfants, élevés dans la plus profonde misère, ne sucent dès leurs jeunes années que des idées de convoitise qui se changent bientôt en haine. Leur existence n'est qu'une lutte continuelle contre ce qu'ils nomment l'adversité; leur destinée précaire et sans avenir est d'ignorer toujours ce que donne de bonheur les jouissances de la propriété.

La colonisation peut donc changer cet état de choses; c'est par elle que l'on peut espérer de régénérer cette classe si intéressante qui, dans cette mission, serait bien plus apte à atteindre le but que l'on se propose pour l'Algérie que par le moyen exclusif du cultivateur.

Cette classe ouvrière, sans précédents routiniers en matière de culture, se prêterait docilement aux sages conseils qui lui seraient donnés pour tirer le meilleur parti de cette terre d'Afrique; cette classe ouvrière retrouverait de nobles sentiments par la culture de la terre; elle s'attacherait au sol qui la nourrirait, et elle concourrait à la prospérité générale en donnant à notre colonie d'Afrique une sécurité de plus par ce surcroît de défenseurs.

L'Algérie réaliserait donc pour la classe ouvrière l'objet de ses désirs : posséder aussi la terre. Mais il faut venir à son aide et la faire passer de la misère, ou si l'on veut, de la négation absolue d'un patrimoine quelconque à la possession d'une concession de huit à dix hectares de terrain, qu'elle tiendrait de la libéralité de l'Etat, avec les ustensiles nécessaires, et les secours en nature, soit du Gouvernement, soit des Départements qui se chargeraient d'un certain nombre de familles, le temps de mettre la concession en rapport.

Heureux les pays qui entrent dans cette voie! ils ne tardent pas à recueillir la récompense des sacrifices qu'ils s'imposent d'abord : le calme vient ensuite rassurer les populations qui, d'agitées qu'elles étaient, n'aspirent plus qu'à goûter paisiblement le bien-être réel que l'émigration leur procure, et surtout lorsqu'elle peut s'effectuer sous un beau climat, dans un pays fortuné comme l'est celui de l'Algérie !

Les questions de science qui sont traitées dans le cours de cet ouvrage sont présentées avec des idées nouvelles ; les savants n'y trouveront peut-être pas ces définitions précises auxquelles ils attachent beaucoup d'importance, mais ceux qui apprécient les efforts qui sont tentés pour marcher en avant retrouveront dans ce que dit Si-Ben-Kassem tous les éléments d'une lecture variée, instructive et populaire.

Les anciens ont connu un fluide igné remplissant l'univers, composant la matière des astres et étant le principe du mouvement et de la chaleur. Mon ami Si-Ben-Kassem, en attribuant à l'électricité l'action puissante d'animer et de vivifier, ne fait pas que répéter ce qui a été dit par les anciens, il précise et définit mieux.

L'électricité se transforme suivant les corps qu'elle traverse : ceci est déjà une idée nouvelle, et de plus elle n'est qu'une force créée par l'Être des êtres. On voit qu'il n'y a aucune analogie, que la différence est immense, puisque les anciens et les matérialistes ont voulu et veulent toujours que ce principe igné soit la nature créatrice, la nature-Dieu.

Cette idée de faire présider l'électricité, depuis les parfums des fleurs jusqu'à l'esprit terrestre qui forme l'intelligence de l'homme, est une appréciation toute nouvelle que mon ami Si-Ben-Kassem explique avec sa conviction orientale : Dieu est grand, lui seul est éternel !

Seulement il y avait quelque difficulté pour rendre ces impressions diverses du Français à l'égard de l'Arabe, qui ont commencé par le doute et qui ont fini graduellement par arriver au respect filial.

Une autre difficulté non moins grande subsistait encore, c'était de conserver à l'arabe Si-Ben-Kassem toute la finesse des inversions qui font la base du génie de la langue arabe, sans cela on ôtait tout le piquant et même le charme de ses intéressantes conversations.

J'ai écrit pour les penseurs sérieux et amis de l'humanité qui s'attachent aux beautés qui sont renfermées dans un ouvrage, et non à l'épuration du style, qui dénature quelquefois le fond de la pensée.

Enfin, l'ouvrage que je soumets à mes lecteurs n'est pas classé : il n'appartient ni à la science ni à la philosophie comme on le conçoit de nos jours, et cependant il a été écrit sous l'inspiration de la plus douce philosophie : croire en Dieu et rapporter tout à sa puissance.

A. D.

I

L'ARRIVÉE

à Georges B...

Mon cher Ami,

Le 22 octobre 184., nous entrâmes dans la rade de Mers-el-Kébir.

Le temps était magnifique, le ciel d'une grande pureté.

Je vais essayer de te décrire ce que j'ai ressenti en abordant ce beau et étrange pays. Selon tes désirs, je t'entretiendrai successivement de tout ce qui m'arrivera de remarquable et me charmera.

La rade de Mers-el-Kébir, ainsi appelée par les Arabes, et qui signifie le Grand-Port, garantit les navires contre les coups de vent assez fréquents dans ces parages pendant la saison d'hiver.

Le fort qui concourt à commander cette rade, construit sur des rochers à la pointe occidentale de la baie, avait déjà une certaine valeur avant l'arrivée des Français.

Les travaux importants que l'on a exécutés dans ce fort, depuis quelques années, ont permis, avec ceux entrepris sur la plage, d'élever la défense de cette baie à une proportion sérieuse, par l'établissement de batteries savamment étudiées.

De la rade on voit le groupe de maisons qui forment le village de Mers-el-Kébir. Elles sont étagées les unes aux autres, suivant que le terrain qui monte rapidement, en cet endroit, a facilité leurs constructions. Leurs dispositions variées présentent un aspect très-pittoresque.

Le plateau qui les domine offre une étendue suffisante pour assurer des communications faciles avec le fort, à l'abri duquel ces habitations se sont élevées.

Des collines, avec des versants d'une grande étendue, où se glissent les rayons d'un soleil chaud et bienfaisant, enceignent cette baie. Elles se continuent jusqu'aux hauteurs qui dominent la ville d'Oran, éloignée d'une lieue et demie, à-peu-près, de Mers-el-Kébir, son véritable port.

La route qui vous conduit à Oran suit d'abord le rivage ; puis elle monte insensiblement pour atteindre un niveau très-élevé, au-dessus de la mer, et d'où l'on découvre un magnifique panorama. Près d'Oran, l'on traverse un rocher qui a été creusé, tout exprès, pour le passage de cette route.

C'est un beau travail qui a été exécuté avec l'aide de travailleurs pris dans l'armée.

Après avoir dépassé ce rocher, vous arrivez bientôt

sous les murs d'enceinte ; en les franchissant, l'on passe près du fort Lamoune, construit sur des quartiers de roc que les vagues de la mer viennent battre sans cesse.

Aussitôt mon arrivée, je n'ai pu résister au désir de visiter cette ville remarquable par les souvenirs qu'elle rappelle :

La puissance espagnole et la patiente énergie des Arabes.

Oran est divisé en trois quartiers distincts :

Celui de la Marine, par lequel on arrive en venant de Mers-el-Kébir. La population espagnole s'y fait remarquer plus particulièrement.

La partie dite du Ravin, où s'est établi le commerce européen.

Enfin, le Haut-Quartier, où l'on remarque de belles maisons, des hôtels, une place qui sert de promenade et qu'animent de temps en temps les musiques militaires.

De nombreuses petites rues, rejetées sur le côté et longeant l'escarpement au-dessus du ravin, sont habitées par la population arabe et israélite.

Il existe dans cette ville, maintenant française, de nombreuses traces de son ancienne occupation par les Espagnols.

Plusieurs constructions importantes, et principalement ses fortifications, témoignent suffisamment du soin qu'ils apportèrent dans tous ces travaux, qui joignent à l'élégance une grande solidité.

Mais, en 1792, les Espagnols abandonnèrent Oran et ses dépendances, ne pouvant se maintenir plus longtemps sur cette partie de l'Afrique.

Les beys ou chefs du pays s'emparèrent immédiatement de tout le littoral que délaissait l'Espagne, et ils s'y maintinrent jusqu'en décembre 1830, époque où la France trouva utile d'étendre sa conquête depuis la frontière de Tunis jusqu'à celle de l'empire du Maroc.

L'occupation complète de la province s'effectua peu d'années après.

Les costumes divers que l'on rencontre à chaque instant ; le langage des indigènes qui vient frapper vos oreilles, tout, dans les premiers moments que l'on habite ce pays, vous étonne et excite une espèce d'admiration.

Il semble que les idées s'y développent, et, bien certainement, elles doivent gagner au contact d'une population nouvelle qui possède une civilisation à elle, qui a son génie particulier : tout est sujet d'étonnement pour celui qui désire s'instruire.

Toutefois on ne peut se défendre d'un sentiment de tristesse dont le motif vous échappe, qui vous obsède même les premiers jours de votre arrivée.

A quoi cela tient-il?

Quelle est cette cause secrète qui vous dispose à la mélancolie, alors que vos premières sensations semblaient vous réserver des jouissances inattendues, puisées dans le spectacle que vous offre ce beau climat?

C'est sans doute la patrie absente qui inspire ces premiers, mais seuls regrets.

Ou bien l'éloignement de tout ce qui vous fut cher : des parents, des amis, que l'on a quittés ! Quelque chose, enfin, comme une habitude prise depuis longtemps et qu'une résolution soudaine a rompue.

Que te dirais-je, cher ami, que tu ne puisses comprendre et saisir aussi rapidement que moi-même ? tu as deviné le sujet de ma peine : tu sais que tu n'y es pas étranger.

Pourtant un changement s'opère assez promptement dans les pensées ; elles redeviennent riantes sous l'heureuse influence d'un climat attrayant, car il occupe l'esprit et l'entraîne. On se sent subjugué, et l'on aime bientôt ces lieux qu'un plus long séjour transforme en une résidence agréable.

Le drapeau de la France flotte sur les forts, sur les édifices publics ; vous foulez toujours son sol de l'autre côté de la Méditerranée. Loin de pousser une plainte, d'exprimer un regret, ne serait-ce pas l'occasion de dire : ô ma patrie ! à toi le respect des hommes, car où tu étends ton influence la civilisation s'éveille.

Mes moments de loisir sont consacrés à regarder la

mer, soit sur la plage, soit sur la terrasse de la maison que j'habite : plaisir nouveau pour moi et qui me séduit sans cesse.

Chaque navire qui passe en vue d'Oran pour se rendre à Mers-el-Kébir est l'objet de mes investigations.

Muni d'une longue vue, je détaille tous ses agrès ; j'examine plus particulièrement les passagers, et, qui sait, dans l'espoir d'y voir quelqu'un de ma connaissance.

Tous les pays peuvent vous sourire si vous y possédez un ami.

Adieu !... à bientôt !...

II

LA RENCONTRE

J'ai déjà exploré les environs d'Oran, le quartier de la Mosquée, ainsi appelé d'une ancienne construction arabe, où se réunissaient les fidèles Musulmans de la localité.

Un joli minaret y subsiste encore; les dessins dont il est orné ajoutent à sa coupe élégante et légère.

Mon excursion s'est étendue jusqu'à Misserguïn, où le gouvernement a établi une pépinière. Ce village est situé à deux petites lieues de la ville, près d'un lac dont l'eau est saumâtre ; enfin, j'ai parcouru une partie de la plaine jusqu'au pied de la montagne des Lions.

Je ne pouvais, en revenant à Oran, détacher mes yeux des hauteurs qui dominent la ville, principalement d'un point appelé communément, dans le pays, le Marabout du Santon.

C'est un petit édifice que les Arabes ont placé au sommet d'une montagne, que l'on distingue à une grande distance par le dôme qui le surmonte.

Il recèle, dit-on, depuis plus d'un siècle, les restes d'un saint homme de leur religion.

Ce lieu devient le but d'un pèlerinage de la part des gens du pays. Ils s'y rassemblent, et là, sur la tombe du personnage dont ils vénèrent la mémoire, ils pratiquent quelques cérémonies d'un caractère religieux.

Un jour je pris la résolution de visiter ce marabout,

et je mis trois quarts-d'heure pour atteindre le sommet de la montagne.

Je laissai d'abord, à ma droite, le fort Saint-Grégoire placé à mi-côte, vis-à-vis la mer.

Près d'arriver au sommet, on laisse encore, du même côté, les ruines d'un ancien fort que l'on désigne toujours par son nom originaire de Santa-Cruz. Les Français lui ont laissé ce souvenir.

J'ai visité ces ruines, et là, comme partout, les mêmes soins dans la construction appellent l'examen.

On ne peut s'empêcher de reconnaître que les Espagnols ont apporté une grande attention dans l'édification de leurs ouvrages défensifs.

Le fort Santa-Cruz contenait des logements sains, casematés; des magasins, une citerne, une jolie petite cour avec parapet en pierre de taille, servant d'observatoire pour la vigie; de belles galeries crénelées se reliaient avec le fort Saint-Grégoire, du moins si j'en juge par les parties restées encore debout et les débris dont tout le versant de la montagne est jonché.

En continuant mon ascension, je parvins au col, petite échancrure qui sépare la partie de montagne où sont ces ruines de celle où s'élève le marabout. Je dépassai les derniers rochers, et j'aperçus tout-à-coup Mers-el-Kébir, dans le lointain, à l'extrémité de la rade.

De l'endroit où j'étais placé, je dominais ce vaste circuit que les vagues, un peu agitées, blanchissaient de leur écume.

Une vapeur légère s'élevait de la mer, courait çà et là, finissait par prendre plus de consistance en s'agglomérant, puis se dirigeait vers le ciel pour se mêler à de petits nuages blancs qui le parsemaient.

Il était midi, et cependant je supportais parfaitement la chaleur. Le niveau élevé du lieu que j'explorais et une brise rafraîchissante en expliquent la cause.

Je contemplai ce magnifique spectacle qui tenait sa splendeur de cette belle mer bleue, des voiles des navires apparaissant à l'horizon, des nombreuses petites barques de pêcheurs plus rapprochées de moi, quoique vues à vol d'oiseau, et se détachant en un point blanc sur un fond d'azur.

Des rochers au ton brun et chaud, placés de distance en distance sur tout le pourtour de la baie, s'étendaient si loin que l'œil finissait par les confondre avec les accidents du terrain.

Je remarquai des Arabes dont le costume, composé d'un burnous de laine blanche, se prête admirablement à ces effets de perspective. On les voit sur un fond vert qu'animent de jeunes myrtes, des lauriers roses et de petits massifs de caroubiers nains, tantôt à cheval, tantôt à pied, s'agiter au loin, puis disparaître dans un pli du terrain.

Cette solitude qui m'entourait prit à mes yeux un aspect plein de charmes.

Cette belle vue, se perdant dans un horizon immense, me captivait.

J'aimais à suivre les sinuosités de ces collines, à étudier les nombreux reflets lumineux qui concouraient à mieux accuser le relief de leurs parties saillantes.

Des pointes de rochers, au ton argenté, couronnées d'une mousse dorée, brillaient sur quelques parties du sol, et contribuaient à l'animation générale ; à l'ensemble si varié de cette vue, de laquelle je ne pouvais détacher mes regards.

Je me promis de venir souvent en ces lieux, pour retrouver les mêmes sensations de plaisir ; car la pensée aime à s'égarer dans les espaces d'un vaste paysage, où les jeux de la lumière se multiplient et se modifient sans cesse.

Je continuai cette exploration pleine d'intérêt, dont l'attrait augmentait à chaque pas que je faisais, et je fus en peu d'instants au faîte de la montagne du Santon.

Le marabout était devant moi à une cinquantaine de pas.

Des Arabes l'entouraient ; d'autres en sortaient. Une animation peu ordinaire dirigeait cette foule : c'était une de leurs réunions périodiques qui les avait attirés en cet endroit.

Je me tins prudemment à l'écart ; mais bientôt la foule se retira par le versant opposé à celui par lequel j'étais venu.

Le silence succédant à cette agitation, je m'approchai du marabout que je désirais visiter, et, tout en songeant au mérite personnel du Santon à la mémoire duquel ce petit édifice a été consacré, je me disais : voilà donc la récompense de tout homme de bien! Quelle que soit sa nation, quelles que furent les croyances qu'il a suivies, ses bonnes actions ne périssent pas, et elles restent dans le souvenir de ses semblables.

En entrant dans le marabout, je vis un Arabe qui était resté au fond de la première cour; il se retourna, et, par un sourire bienveillant, il m'engagea à aller à lui : approche, me dit-il en français, ta présence ici ne me semble pas importune.

J'avais déjà entendu des Arabes parler français; mais je fus étonné en voyant celui-ci s'exprimer dans notre langue avec une bien grande facilité.

Salut sur toi, lui répondis-je, cherchant à imiter la précision et la poésie du langage arabe. Il y a donc ici les restes d'un mortel vénéré?

— Oui, prions pour lui; nous parlerons ensuite de ta patrie que j'aime.

Je considérai la tête vénérable de cet homme. Sa barbe blanche couvrait une partie de sa poitrine. Son costume était simple, quoiqu'il y eût une certaine recherche dans sa propreté. Tout était calme en lui, et j'éprouvais un certain plaisir à l'examiner en silence.

Il se leva et nous allâmes nous asseoir sur un tertre, en avant du marabout, du côté de la plaine.

Nous avions la mer à notre gauche, Oran à nos pieds avec ses mosquées, ses édifices, ses innombrables rues et le monde qui s'y agite : tout cela comme sur une petite carte animée.

A notre droite, toute la vallée jusqu'aux montagnes qui forment la chaîne du petit atlas et dont la cime se perd dans un horizon bleuâtre et vaporeux. On voit également la tour qui domine Misserguïn, et, à proximité de ce lieu, le grand et le petit lac; puis, pour compléter le tableau, la montagne des Lions devant nous, tout près de la mer.

— Que ce pays est beau! m'écriai-je. Il semble qu'il n'y ait qu'à se laisser vivre pour y être heureux!

L'Arabe s'anima à cette exclamation ; ses yeux brillèrent d'un plus vif éclat, et il me dit :

— Vois ce ciel que tu admires, ce pays que tu parais affectionner ; ne ressens-tu pas, en les considérant, un calme profond, un bien-être extraordinaire? Oui, ce pays est beau, il est imposant ; ne dirait-on pas que toutes les grandeurs de la terre sont rassemblées sous nos yeux : quel charme on éprouve en contemplant cet horizon qui se perd dans l'infini. Oh! oui, cette partie de la terre contente l'homme : il semble que le bonheur vient l'y trouver. Une seule chose m'inquiète, c'est l'avenir qui lui est réservé.

Quel ne fut pas mon étonnement en entendant cet Arabe s'exprimer ainsi! Eh quoi! pensai-je, est-ce donc là l'esprit inculte, barbare même, que l'on prête en France aux hommes de cette nation? au lieu d'une nature grossière, je trouve en celui-ci un esprit cultivé et poétique, du moins j'en jugeai ainsi par l'appréciation qu'il venait de me faire de cette belle nature.

Je m'empressai de lui répondre que l'avenir de son pays devait le tranquilliser, puisque la France en avait pris la direction.

— Que peux-tu craindre? Tu vois que les autres nations respectent notre conquête.

— Oui, cela est vrai, me répondit-il; mais qui me prouve que les Français seront encore ici dans cinquante ans?

— Comment, tu douterais de notre puissance?

— Non, ce doute est loin de moi. La France, je le sais, est une grande nation. Lorsque tu connaîtras les Arabes, tu verras qu'ils sont toujours sensibles à ce qui est noble et grand. Tant que les chefs que ton pays délèguera pour nous gouverner se montreront partisans de la justice, tant qu'ils observeront cette loi suprême, notre soumission sera sincère.

Je reconnais que quelques-uns, en agissant ainsi, ont gagné notre affection, et le peu de bien qu'ils ont pu obtenir pour nous est religieusement conservé dans nos récits.

Malheureusement, lorsque nous commençons à nous habituer à eux, à les aimer, un ordre de rappel nous les enlève. Ces changements nous font craindre pour la tranquillité et la prospérité de ce pays. C'est avec une certaine appréhension que nous portons nos regards vers l'avenir; et cette appréciation, toute imparfaite qu'elle puisse te paraître, te dit du moins ce que nous sommes : il est toujours facile de nous commander.

Que pouvais-je lui répondre? Ses réflexions étaient d'une grande justesse. Je voyais qu'il voulait faire allusion à la légèreté de notre caractère national; car nous ne pouvons le nier, nous manquons quelquefois de persévérance.

Nous causions depuis quelques moments, lorsqu'un incident, futile en apparence, donna lieu à ce beau vieillard d'entrer dans quelques aperçus sur la fragilité de l'intelligence de l'homme.

Un Maure, dont le costume en désordre annonçait une grande négligence, vint aussi visiter le marabout du Santon.

Il s'assit auprès de nous, et se mit à fredonner quelques mots monotones et languissants. L'incohérence de ce chant révélait un malheureux privé de sa raison.

Mon vieil Arabe l'accueillit cependant avec bonté.

Lorsque ce pauvre insensé nous eut quittés, j'exprimai mon étonnement sur la liberté qui est laissée aux fous dans ce pays.

— Cette affliction excite tout notre intérêt, me répondit l'Arabe : nous évitons, le plus possible, d'augmenter le trouble porté dans l'organisation de ces infortunés.

— Vous ne cherchez donc pas à les guérir?

— Le temps et la liberté peuvent seuls obtenir ce résultat.

— Mais, lui dis-je, n'êtes-vous pas un peu sous l'influence de la fatalité lorsque vous agissez ainsi?

— Ne le crois pas; c'est un autre sentiment qui nous guide. Leur faible cerveau n'a plus la force de retenir les idées des perceptions extérieures. Tout est fugitif comme la mobilité de leurs sensations, et il y a de la sagesse à respecter leur folie. Aussi, nous apprenons à nos enfants à en avoir pitié.

— Alors que leur faites-vous?

— On les secourt avec empressement et toujours avec bonté.

— Mais quand ils sont furieux, ajoutai-je, il faut bien les enfermer.

— Nous cherchons à ne pas amener ce triste état dans leur position. La folie ne débute jamais par cette exaltation fébrile ; elle commence sous l'action persistante de contrariétés souvent renouvelées ; et quand on n'a pas la volonté de repousser cette fâcheuse tendance, la force morale, cette autre puissance si remarquable dans certains moments, cesse, comme le reste, de se manifester.

— Et voilà, lui dis-je, ce que peut devenir l'intelligence humaine dont les conceptions sont parfois si belles ! Elle cesse de se développer, elle s'éteint même quand le cœur est trop fortement éprouvé.

— Après un moment de silence, il reprit ainsi : c'est à peu près ce que tu penses. L'homme est d'une construction parfaite, mais délicate. Sa tête est conformée de manière à être sans cesse en rapport avec les fluides corporels qui donnent les sensations. Une foule de choses peuvent, chez lui, déterminer la folie, et elle saisit l'homme qui a le plus d'énergie aussi bien que celui qui en manque. Ce pauvre insensé que tu viens de voir était autrefois riche et heureux. Il a cru sa patrie en danger lors de l'arrivée de tes guerriers sous les murs de la ville qu'il habitait avec sa compagne. Les chocs de la guerre ont commencé par bouleverser son cerveau, puis un instant a suffi pour opérer une horrible transformation et plonger tout son être dans de profondes ténèbres. La vérité ne lui apparaît plus; sa pensée est vagabonde; de fausses illusions, des êtres fantastiques sont répandus chez lui.

— Quel est donc cet oubli de la nature pour l'homme?

— Le fluide qui lui donnait sa raison ne trouve plus la route de son cerveau, car des fils conducteurs se sont brisés ou dérangés.

En l'entendant s'exprimer ainsi sur une des questions les plus difficiles à expliquer, je le regardai avec une attention plus marquée; il s'en aperçut, sans doute, et continua.

— Le cerveau de l'homme est le réservoir où s'opère le travail mystérieux qui forme l'intelligence. C'est une pompe qui aspire les fluides corporels : ils s'y groupent ; le fluide électrique vient s'y poser, il les féconde et fait naître nos pensées. Ces gaz sont plus ou moins vaporeux, et notre parole traduit quelquefois leur futilité.

Lorsque les conduits d'une pompe sont engorgés, l'eau ne peut jaillir ; de même si notre cerveau a des fibres malades ou rompues, nos pensées ne peuvent plus se produire aussi nettes ; l'électricité, cette source de toute fécondation, ne parcourt plus que des fibres déplacées : de là les idées confuses et l'incohérence de la parole.

La nature n'a oublié chez aucun homme à assigner la place de l'intelligence ; seulement cette intelligence varie selon l'essence que le cerveau a aspirée ; et, si le siège des perceptions intellectuelles n'est pas modifié ou renversé par quelques accidents, l'homme peut diriger sa raison à son gré. Il doit craindre de perdre, par sa faute, ce don précieux qui le rapproche de Dieu !

L'homme ne devrait jamais se laisser surprendre par la colère qui peut allumer la foudre dans son sang. Il doit avoir la force de chasser de son cœur tout ce qui vient l'agiter; il doit tout envisager avec sang-froid.

Lui seul peut poser une barrière au désespoir qui est le premier degré de la folie ; et c'est dans l'adversité que l'homme est vraiment sublime, s'il sait la supporter avec courage. Il doit se rappeler sans cesse que ceux qui souffrent avec douceur seront un jour consolés.

— Tu termines par une morale qui me plaît, dis-je à mon vieil Arabe, cela fait plaisir à entendre. On n'est pas sous la pression décourageante des faits réglés d'avance; je te l'avoue, je craignais te voir finir par là. Suivant toi, la nature est libérale, et si elle n'arrive pas toujours au terme de la perfectibilité, cela tient uniquement à des causes accidentelles.

— Oui, il en est ainsi. Vois cette graine, elle donnera un arbre qui portera des fruits; et si tu as le soin de la mettre dans une terre bien préparée, elle poussera rapidement, et le fruit sera délicieux.

Mais si cette graine est placée dans une mauvaise terre, l'arbre qui en proviendra sera chétif, et son fruit n'aura pas la même saveur.

De même lorsque l'homme, par ses imprudences ou ses excès, dérange ce bel assemblage que Dieu lui a donné, ses enfants s'en ressentent.

Leur organisation ne se développe pas suivant toutes ses beautés.

Toutefois, la nature accomplit toujours sa mission, mais dans des nuances infinies.

— Je comprends maintenant, d'après cette définition, pourquoi les intelligences ne sont pas les mêmes chez l'homme.

— Oui, reprit-il, il en est pour l'homme comme pour les fleurs ; elles procèdent toutes du même principe, et pourtant elles ne répandent pas les mêmes parfums.

Il se leva ensuite et me quitta en me disant avec simplicité : que le bien soit avec toi !

Puis, d'un pas lent et ferme, il descendit la montagne par le même côté que les autres Arabes avaient déjà pris.

Quant à moi, sous le charme de cette conversation qui m'avait fortement impressionné, je revins à Oran en méditant sur ce que je venais de voir et d'entendre.

Cette mystérieuse influence que toute nation civilisée impose se révélait pour moi dans l'appréciation faite par ce vieillard, et je me demandais si son jugement ne subissait pas un peu le nouvel ordre d'idées que la conquête de l'Algérie a dû apporter parmi les Arabes instruits de ce pays.

Cependant, cette définition si simple de la folie, et que j'entendais pour la première fois, souleva en moi quelques doutes, et je n'en admirai que plus les idées étranges de ce vieil Arabe.

III

LA COLONISATION

Un mois environ après mon excursion à la montagne du Santon, j'eus occasion d'aller au bureau arabe, un des services importants de ce pays, et qui est installé dans un corps-de-logis de la demeure des anciens beys, au Château-Neuf.

Une fontaine avec jet d'eau se trouve dans la cour

d'entrée ; une allée d'arbres et une vigne remarquable donnent de l'ombre à cette cour, et y entretiennent une agréable fraîcheur.

Un péristyle à arcades orientales précède une belle et grande salle décorée à la mauresque; elle fait partie de la demeure du commandant de la province, et c'est dans les bâtiments de droite que sont les dépendances du directeur des affaires arabes.

En entrant dans le bureau, je vis un Bedouin qui allait être jugé pour une infraction de police. Je fus surpris et en même temps charmé d'y trouver aussi mon Arabe de la montagne du Santon. Je lui témoignai le plaisir que j'avais de le revoir, et lui demandai quel était le motif qui l'amenait en cet endroit.

Il m'apprit qu'il accompagnait le Bedouin inculpé, dans l'espoir d'obtenir quelque allègement à la peine qui lui serait probablement infligée, pour s'être écarté des règlements qui régissent les marchés de la ville.

Je profitai du temps qu'il mit à plaider la cause de son protégé dans le cabinet de l'officier supérieur chargé de tout ce qui concerne l'administration des

Arabes, pour me rapprocher de l'interprète et le questionner sur ma nouvelle connaissance.

Cet interprète est un homme respectable de la nation israélite. Il a rendu de grands services aux Français, et il est très-estimé.

J'appris par lui que mon Arabe se nomme Si-Ben-Kassem.

Il descend d'une famille de chefs, comme l'on dit ici; il a été un des premiers à se soumettre à l'autorité française : aussi est-il en faveur auprès d'elle.

Il possède une instruction plus étendue qu'on n'est disposé à l'admettre de la part d'un indigène.

La tradition raconte qu'il se lia très-intimement, à une époque assez reculée, longtemps avant la conquête de l'Algérie par les Français, avec un chrétien qui, d'abord captif, avait été ensuite rendu à la liberté par l'intermédiaire du père de Si-Ben-Kassem, qui approchait le bey d'alors.

On croit que c'est dans cette liaison qu'il a acquis son

savoir; mais, ajouta l'interprète, quelle que soit l'origine de ses connaissances, il entre dans des appréciations tellement approfondies sur les hommes et sur toutes choses, qu'on est étonné de la force de son raisonnement.

Il est très-aimé de ses coreligionnaires qu'il secourt et protège constamment.

J'éprouvai du plaisir en entendant parler ainsi de cet Arabe qui m'avait vivement intéressé, et auquel j'avais beaucoup pensé depuis ma rencontre avec lui.

Peu de temps après, il sortit du bureau arabe avec la grâce de son protégé. Je l'en félicitai et l'engageai à m'accompagner chez moi, ce qu'il fit.

J'habite l'ancien harem du bey; c'est un petit bâtiment retiré aux extrémités du Château-Neuf, dans le fond d'un bastion.

Une vigne magnifique couvre une partie de la cour d'entrée. Le cep n'a pas moins de quatre-vingts centimètres de circonférence, et les grappes de raisin qui en proviennent renouvellent les souvenirs bibliques du peuple juif, lorsque ses députés revinrent du pays de Chanaan.

Le coup-d'œil dont on jouit de l'intérieur de ce bastion est remarquable. Une partie d'Oran passe devant vous avec ses mosquées, ses minarets, ses maisons blanches et la Kasba; puis, au loin, la montagne du Santon et son petit marabout.

Je fis servir le café, j'offris des pipes, du tabac, enfin tout ce qui peut plaire à l'Arabe.

Si-Ben-Kassem, toujours grave quoique plein d'aménité, accepta avec plaisir mes avances d'amitié.

Quelque chose d'indéfinissable semblait nous rapprocher ; cette attraction se produisait avec persistance, aussi éprouvions-nous l'un pour l'autre tout le charme qu'une amitié sincère procure. Je me rappelai notre première rencontre, et, sous l'influence de ce souvenir, je lui dis, en lui montrant le Santon :

— J'ai bien des fois jeté les yeux sur cette montagne depuis que nous nous y sommes vus. J'y retournerai avec plaisir, et si tu veux m'y accompagner, nous explorerons ensemble tout le versant du côté de la rade de Mers-el-Kébir. Il me semble que l'on pourrait en tirer un excellent parti.

— Si-Ben-Kassem me fit remarquer que ce qui me plaisait ainsi, c'était plutôt l'air pur qu'on y respire, l'immensité que la vue embrasse, et la présence constante d'un beau soleil, toutes choses qui finissent par séduire, et que les Français ne peuvent s'empêcher d'aimer.

Il y a d'autres endroits, ajouta-t-il, qui ne le cèdent en rien à ces qualités; de plus ils possèdent des sources qui les rendraient d'une fertilité merveilleuse, et si tes compatriotes savaient les utiliser, ils seraient bientôt récompensés de leurs peines.

— Que veux-tu dire, Si-Ben-Kassem? Suivant toi, nous n'avons donc pas procédé comme il conviendrait pour la prospérité de notre colonisation?

— Ce n'est pas là ma pensée : tout témoigne, je le reconnais, de la sollicitude de ton gouvernement pour encourager l'émigration. Seulement, je trouve que le libre arbitre est trop laissé à chaque famille. J'ai remarqué qu'il faisait naître de fâcheuses hésitations, surtout pour celles qui arrivent nouvellement. Elles n'ont point d'instructions qui les guideraient sûrement, des instructions qui seraient le résultat de recherches et d'appréciations minutieuses faites par des hommes chargés de ce soin. Aussi il arrive quelquefois que des déceptions sont le partage des nouveaux colons.

— Que leur manque-t-il cependant, dis-je à mon vieil Arabe? qui leur fait défaut?

— Ce n'est qu'un peu plus d'expérience qu'il leur faudrait acquérir, me répondit-il, et le bien-être viendrait les trouver et leur donner une nouvelle patrie.

Je t'ai dit que j'aime la France, c'est ce qui peut t'expliquer combien je désire la voir réussir pour rendre à mon pays la prospérité qu'il avait autrefois, et son ancienne splendeur.

Pourquoi ne chercheriez-vous pas à adopter quelques-unes de nos méthodes? Nous connaissons mieux que vous la fertilité de notre sol et comment on doit le cultiver.

C'est une grande erreur de croire qu'il faut le creuser

en profonds sillons, ainsi que vous le faites d'après vos habitudes. Malheureusement, ce mode de culture a été la cause de beaucoup de mortalité parmi les colons.

— On sait, lui dis-je, que toute terre qui est restée longtemps en repos exhale, lorsqu'on la défriche, des principes morbides auxquels il est toujours dangereux de s'exposer trop longtemps.

— Il y aurait un moyen de conjurer ce mal, ce serait de répandre une légère couche de paille sur chaque sillon, au fur et à mesure de son tracé, puis d'y mettre le feu. L'air, en se dilatant, au contact de la chaleur, absorberait une partie des gaz qui sortent de la terre et diminuerait les chances de maladie ; car cette force, qui détermine et active toute végétation, est utile aux plantes, mais devient souvent mortelle pour l'homme qui la respire.

Cette partie de l'Afrique, continua-t-il, était avant 1830 dans une situation prospère, et, à une époque reculée, elle était des plus fertiles. Ses habitants, avant l'arrivée des Français, faisaient un commerce d'exportation considérable de bestiaux et de grains ; ils approvisionnaient le littoral de la Méditerranée.

Le port d'Arzeu était le lieu d'embarquement des bestiaux ; telle avait été la volonté du dernier de nos beys ; et tous ceux qui se sont livrés à ce commerce ont amassé de grandes richesses.

Je te révèle ces faits pour te faire comprendre combien ce pays favoriserait encore ceux qui sauraient en tirer parti.

— Mais, dis-moi, quels étaient les moyens de culture, les procédés en usage, les engrais employés?

— On commençait par brûler les herbes sur pied ; le fumier naturel était employé et en petite quantité ; un labour léger, ainsi que nos ancêtres l'ont toujours fait, suffisait, et les récoltes ne nous ont jamais manqué.

En creusant peu profondément l'on conservait à la terre toute sa fraîcheur, tandis qu'il faudrait des torrents d'eau pour vos profonds sillons, et c'est impossible ; ou bien vous êtes obligés d'employer une grande quantité de fumier, ce qui finit par ruiner le cultivateur.

La terre, dans ces contrées, lorsqu'elle est trop remuée, se dessèche, soit qu'elle tourne en poussière ou qu'elle durcisse en mottes, selon la nature du terrain. La semence, dans le premier cas, est brûlée et produit peu ; dans l'autre, la plante ne peut arriver à son entier développement.

La confiance que Si-Ben-Kassem me montrait m'engagea à profiter de son expérience ; je le priai de continuer en l'assurant que j'avais un vif désir d'approfondir ces intéressantes questions.

— Il faut, reprit-il avec aménité, que tes compatriotes n'entreprennent les défrichements que par petites parties, afin que les exhalaisons ne soient pas trop fortes tout-à-coup, et qu'elles puissent se dissiper rapidement.

Il faut que les villages, ou ce que vous appelez des centres de population, ne soient pas trop éloignés les uns des autres, pour faciliter à vos colons des occasions de réunions dans lesquelles ils puiseraient l'énergie qui leur a quelquefois fait défaut ; car j'ai remarqué que les gens de ta nation ont besoin d'avoir l'esprit occupé.

Il est sage de laisser aux populations qui émigrent le temps de s'acclimater avant de les priver des secours qui leur sont accordés.

Que feraient-elles sans l'expérience que donnent le séjour et la possession tranquille?

Mais il est essentiel d'étudier les habitudes des indigènes pour chercher à généraliser celles qui sont le résultat d'observations consciencieuses : tu peux t'en rapporter, pour cela, aux soins que nous mettons à suivre nos anciennes traditions.

J'ai un excellent manuscrit qui traite de l'agriculture; plus tard, si tu le désires, je te le montrerai; en attendant voici, dans l'intérêt de la colonisation, une mesure que je voudrais voir adopter.

Il ne suffit pas que les inspecteurs, qui sont chargés de suivre les progrès de la culture, se bornent à se mettre en rapport avec les autorités françaises, il faut aussi que les chefs Arabes soient inspectés et consultés; qu'ils soient mis dans l'obligation de faire connaître leurs anciens procédés de culture. Ces procédés sont simples et d'une grande efficacité; et tu sauras que les Arabes, en général, cachent leurs connaissances en agriculture : ils affectent quelquefois de vous approuver lorsqu'ils voient que vous vous écartez de leur manière.

Ceci est un effet de leur amour-propre national.

Vous avez la civilisation ; vous êtes les maîtres ; c'est à vous de connaître ce qu'il vous faut : voilà leur raisonnement.

Il faut donc chercher, avec soin, ceux-là d'entre eux qui aiment, comme moi, les Français; mais ils sont modestes et se tiennent à l'écart. Il ne faut pas négliger de les chercher.

— Ton idée est excellente, dis-je à Si-Ben-Kassem, elle donne la mesure de ta sincérité; crois bien que nous avons en France le plus grand désir de voir prospérer l'Algérie, et que tous les hommes sérieux se préoccupent de cette importante question.

— Cependant j'ai entendu lire dernièrement un écrit venant de ta nation qui traite la question de la colonisation d'une façon si bizarre, que j'en suis resté confondu.

L'auteur prétend que la cause de la dégénérescence des peuples provient du dépérissement du sol de leur pays, et, à ce sujet, il trouve le moyen de dire que des politiquiers ignorants trompent le peuple en lui faisant croire que l'Algérie peut encore devenir fertile.

Selon cet auteur, la prospérité ou la décadence des nations ne dépend que faiblement de leur système de gouvernement; cette dégénérescence, dit-il, qui les atteint tour-à-tour, n'est provoquée que par la terre qui a vieilli, et il conclut de là que l'Algérie, se trouvant dans cette dernière condition, ne fera jamais une colonie florissante.

Il m'est très-facile de te démontrer que la terre de mon pays n'a point vieilli; que, bien au contraire, elle est toujours jeune. La preuve la plus évidente, ce sont ces secousses qui la remuent de temps à autre par l'abondance de gaz qu'elle contient. Que si une stérilité momentanée l'a affligée sur quelques parties de son territoire, il faut précisément l'attribuer à ce manque d'unité, aux gouvernements oppresseurs qui se sont succédé, sans se préoccuper jamais du bonheur des hommes?

Mais ta nation a une renommée si belle par sa douceur et sa puissance, que j'en ai conclu immédiatement une ère de prospérité et de grandeur pour ces provinces que vous avez conquises et que vous appelez maintenant l'Algérie.

Les écarts que je t'ai signalés peuvent être facilement évités ; et s'il fut un temps où la colonisation semblait hésiter, ce qui nous inspirait des doutes, les développements qu'elle prend chaque jour révèlent un fait immense qui s'accomplit, et quelles que soient les destinées de ma patrie, les traces de votre passage ne s'effaceront jamais.

— Tu reconnais donc, Si-Ben-Kassem, que nous marchons loyalement vers le but de tes désirs.

— Oui, si j'embrasse l'ensemble de tout ce que vous avez fait, cela est grand ; mais si l'on descend dans les détails, nous pouvons mieux apprécier, et là nous voyons des colons employer des moyens de culture comme s'ils étaient encore dans les contrées qui les ont vus naître.

Cette manière d'agir, je te l'avoue, excite notre étonnement.

— Que penses-tu, lui dis-je, de certains engrais dont

nous nous servons et qui semblent pourtant contenir une grande force.

— Oui, les résultats sont beaux; on obtient un grand amendement, mais, crois-le bien, il ne sera que momentané : on en reconnaîtra plus tard l'abus, et l'on sera trop heureux de revenir aux traditions primitives.

La terre finit par se fatiguer lorsqu'on lui imprime une force étrangère à la sienne; car sa force, à elle, est le résultat d'une combinaison qu'il n'est pas donné à l'homme de saisir, et ce n'est pas sans danger que l'on pousse ces effets à l'excès.

Te refuserais-tu à reconnaître qu'en ce moment même, dans votre Europe, des embarras tels ont surgi, par suite de cet oubli si rationnel des lois naturelles, que des contrées entières ont à en souffrir?

Il faudra bien des années pour réparer le mal qui a été fait!

Gardez-vous de traiter ainsi notre terre d'Afrique!

Ce n'est, je le répète, qu'avec une grande circonspection que l'on doit délaisser les méthodes simples, qui ont suffi depuis tant de siècles, pour courir après les procédés nouveaux.

Crois-moi, mon fils, la terre par elle-même ne peut vieillir, le travail de ses sucs nourriciers s'accomplit toujours dans le vaste laboratoire qu'elle recèle dans son sein, et que l'homme jusqu'alors n'a pu analyser d'une manière certaine : lui seul porte une perturbation à sa vigueur habituelle.

Et voici pourquoi :

Elle subit une impulsion créatrice qui, de l'intérieur, s'étend jusqu'aux plus minces couches de sa surface. Un fluide vivifiant gagne de proche en proche et pénètre ses moindres parcelles. Les germes qui lui sont confiés s'animent à cette filtration fécondante, et ils se développent sous l'action de la chaleur qui rayonne à sa surface :

C'est la vie.

Mais si la germination a lieu sous l'influence de quelques troubles momentanés, dus à des combinaisons inintelligentes qui s'inspirent en dehors des bonnes traditions que quelques sages recueillent avec soin, qu'arrive-t-il?

La plante se développe sans vigueur, elle ne peut retenir le principe de chaleur qui devait la protéger contre des envahissements insaisissables : ils l'enlacent de toutes parts. Une fécondation anormale se produit à son pied, puisée dans une fermentation que l'homme ne peut plus empêcher, il faut qu'elle ait son cours et elle inonde bientôt la plante :

Voilà le mal.

— Vos traditions, dis-je à Si-Ben-Kassem, ne vous donnent-elles pas le moyen d'y remédier?

— Nos traditions nous révèlent la sagesse de nos ancêtres; ils n'ont jamais cherché à fatiguer la terre, et pourtant ils ont opéré des prodiges dans l'art de la cultiver.

Il y aurait donc sagesse à délaisser quelques-unes de vos coutumes pour adopter les nôtres dans ce qu'elles vous paraîtraient de plus utiles.

C'est une étude à faire.

— Cette pensée était juste. Quoi de plus étrange, en effet, que de voir des cultivateurs français s'obstiner à importer en Afrique tout leur attirail de fermier; de ne vouloir, en quoi que ce soit, se départir de leurs procédés de culture qui peuvent être excellents dans leur pays, mais qui sont funestes dans celui-ci; de charger la terre de fumier lorsqu'on pourrait le faire avec plus de mesure! En mettant moins d'engrais, la dépense diminue; en simplifiant même les instruments aratoires, l'économie augmente, et, en entrant dans cette voie, que de fatigues de moins, que d'améliorations successives l'on obtiendrait!

En quittant Paris, tu le sais, j'avais la louable intention de me rapprocher des Arabes pour lesquels j'éprouvais une grande curiosité. Mon excursion à la montagne du Santon me met en relation avec l'un d'eux, dont les manières nobles et gracieuses me subjuguent. Ses idées se rapprochent en bien des points de notre façon de voir, ce qui m'étonne, puisqu'il n'a pas reçu cette instruction avancée des peuples civilisés modernes. Notre première conversation m'avait déjà révélé que son esprit est remarquable, et plus je l'entendais, plus j'acquérais la certitude que ses connaissances sont très-variées.

Je voulus connaître quels étaient les moyens pratiques employés par les Arabes pour certaines plantations.

Si-Ben-Kassem s'empressa de satisfaire à mon désir.

Les arbres en général, me dit-il, doivent être plantés après les pluies. Il faut, avec les pieds, fouler la terre autour de la racine afin de donner à cette partie nouvellement remuée la même consistance que le terrain qui l'environne. Cela est très-essentiel ; c'est toujours par le manque d'observer cette pratique que les arbres meurent ou ne font que végéter.

Le cotonnier doit être semé dans la saison des pluies. Il ne lui faut que des irrigations légères : trop d'eau finirait par durcir le coton.

Les semis de Palma-Christi doivent être faits sur une grande étendue de terrain, car ils ne produisent qu'en bois, et il ne leur faut que quelques irrigations.

Les Français négligent cette plantation ; ils n'en

mettent que ça et là dans leurs jardins, dans les cours de leurs habitations, et ils bornent à ces faibles essais la production de ces plantes remarquables qui seraient pour eux la source d'une grande richesse.

J'ai dit que les Palma-Christi ne viennent convenablement qu'en bois, parce qu'il leur faut un abri contre les courants d'air. Aussi il n'y a que ceux placés dans le milieu qui produisent beaucoup. Ceux formant la lisière du bois donnent peu de fruits, cependant ils ne sont pas perdus. On peut faire avec leur écorce des nattes et des cordes.

La vigne doit être plantée immédiatement après la saison des pluies. Le terrain que l'on choisit doit être autant que possible légèrement en pente.

Les Arabes ont la précaution de préparer les trous un mois avant la plantation, afin qu'ils soient bien imbibés d'eau ; ces trous doivent avoir 1 m. de longueur, 0 m. 80 c. de profondeur, et 0 m. 50 c. de largeur.

Quatre pieds de vigne sont couchés dans chacun de ces trous, deux bouts dans un sens et deux bouts dans l'autre. Après les avoir couverts d'un peu de terre on les piétine fortement, puis ensuite on remplit le trou. La coupe se fait, quelques jours après, au-dessus du troisième nœud.

Toute la vigne d'Afrique est ce qu'on appelle traçante, et ceci, ajouta Si-Ben-Kassem, me remet en mémoire la déception d'un colon qui a voulu planter une vigne dans une concession qu'il avait obtenue du gouvernement français. Il fit venir d'Espagne, à grands frais, plusieurs milliers de pieds de vigne; il les planta comme si la racine devait pivoter, ainsi qu'il l'avait vu faire dans son pays. Pas un pied ne reprit, et il ne pouvait en être autrement, puisque l'espèce de vigne qu'il avait fait venir trace comme les nôtres.

Ce sont ces mauvais résultats qui découragent les colons, et puisse cette triste expérience mieux guider ceux qui en ont été temoins!

La canne à sucre viendrait parfaitement ici, et même beaucoup mieux qu'en Espagne. Les pays chauds et secs conviennent très-bien à cette plante qui est de sa nature humide et n'a pas besoin d'irrigation. Il faut choisir, pour ces plantations, des vallées abritées par des collines; si l'on ne peut réunir cette condition, les haies peuvent y suppléer.

La canne à sucre se plante par rejeton, et le moment le plus dangereux c'est lorsqu'elle commence à croître: elle est alors très-faible et il ne faut pas que le vent l'agite; mais, avec la précaution de lui donner un abri, elle viendrait très-grande et très-belle.

J'étais heureux d'entendre Si-Ben-Kassem passer tour-à-tour en revue tous ces modes de culture. Je lui reconnaissais un savoir pratique approfondi, relativement à son pays.

Ce sont des hommes comme lui qu'il faudrait consulter et rechercher pour avoir leurs avis : leur expérience pourrait être tres-profitable à nos compatriotes.

Je le priai de me donner son sentiment sur la possibilité de cultiver le café et le thé.

Le café, me répondit-il, est une plante qui n'est pas difficile à faire venir; mais le terrain de l'Algérie est un peu fort pour elle, cependant, en choisissant les endroits, on peut obtenir de beaux résultats.

Le thé est une plante qui veut une terre excessivement légère ; quelques parties de ce pays se prêteraient bien à sa culture, mais il faudrait beaucoup de travail, car la terre doit être très-fine et surtout bien divisée.

Tu le vois, chaque contrée a besoin d'être étudiée pour les productions de son sol, et tu conviendras que cette étude ne peut être faite avec succès que par des hommes chargés de ce soin : ils pourraient ensuite diriger convenablement les colons qui arrivent.

Si-Ben-Kassem m'entretint encore de cet écrit peu favorable à l'Algérie et qui l'avait si fortement impressionné ; puis il ajouta :

Enfin, je te dirai, mon fils, pour terminer cette longue conversation, que c'est par la manière dont les peuples sont gouvernés qu'ils progressent ou bien qu'ils décroissent : tout est là, et voilà la vraie cause de leur dégénérescence.

La terre n'y est pour rien ; c'est toujours le même soleil qui la vivifie, les mêmes eaux qui la fécondent, et sa stérilité momentanée a une autre origine.

Rappelons-nous que le législateur des Hébreux prédisait à son peuple que la *nielle* et la *rouillure* se mettraient sur les produits de la terre si les hommes s'écartaient des lois sages que Dieu a établies dans l'univers.

Les décrets de l'Eternel sont de tous les temps : ils s'accomplissent en silence, et son ange exterminateur vient toujours frapper au milieu de l'aveuglement des nations!

Si-Ben-Kassem, en me quittant, me montra les magnifiques raisins suspendus au-dessus de nos têtes, dont quelques grappes atteindront le poids de dix et de douze livres. Crois-tu, me dit-il, que la terre qui produit de semblables fruits a vieilli? Non, ce serait plutôt le cas de penser qu'il coule toujours dans son sein des ruisseaux de miel et de lait.

Adorons, mon fils, celui qui depuis tant de siècles tient en réserve des immenses quantités de terrains pour venir en aide, à des temps voulus, aux populations malheureuses.

Puis, avec un sourire amical, il me salua en me disant : reste avec le bien.

IV

LES CIMETIÈRES

Mes relations avec Si-Ben-Kassem sont devenues tout-à-fait intimes. Il se complaît avec moi, et il recherche toutes les occasions de me faire connaître les mœurs de ses compatriotes.

A ces explications qui sont intéressantes il en joint

d'autres d'un ordre supérieur et saisissant; il explique d'une façon qui lui est particulière les divers phénomènes de la terre et du ciel. Ce qu'il dit pourra paraître des hypothèses plus ou moins réfutables, appréciées sous un autre point de vue ; mais il les expose avec une précision qui lui est propre et avec des couleurs offrant des nuances si délicates, que la vue du cœur en est charmée.

Sous bien des rapports, je le remarque avec plaisir, nous communions par les mêmes idées; c'est donc toujours avec une véritable satisfaction que je revois ce charmant solitaire.

Oh oui! si cet Arabe n'est pas dans le vrai, comme nous le concevons quelquefois, il possède du moins le don de parler de ses chères études avec une telle simplicité, qu'elles paraissent être l'expression de la vérité. Les principes sur lesquels il s'appuie existent dans la nature; rien n'est exagéré dans ses conclusions : sa conviction est tellement forte qu'on se sent subjugué.

Il m'a fallu ce rapprochement pour m'amener à ces révélations présentées dans un ordre d'idées tout nouveau pour moi, et pourtant d'une facile conception.

Un jour je dirigeai ma course du côté du ravin, je passai au pied des nombreux bâtiments formant la kasba, et, après avoir franchi la porte de la ville, je parcourus la route qui longe cette partie des environs d'Oran.

De beaux jardins bordent cette route ; une plantation vigoureuse, qu'animent des eaux bienfaisantes et habilement dirigées, répand une grande fraîcheur et assez d'ombre pour se garantir du soleil.

Le fond du ravin est cultivé en nature de jardins potagers par des Espagnols qui ont une grande aptitude pour ce genre de culture.

Des maisons de campagne sont placées de distance en distance. Des orangers, des citronniers, viennent en pleine terre et ornent quelques jardins publics, dans lesquels les promeneurs vont se reposer à l'abri de leurs odoriférants ombrages.

En continuant, on arrive bientôt à un pont de pierre qu'ombrage un joli massif d'arbres.

Deux palmiers, que la guerre a respectés, s'aperçoivent non loin de cet endroit; ces arbres gracieux se balancent mollement en se détachant sur la masse des montagnes, au ton bleu et rose, qu'on voit au fond de ce joli paysage.

A l'extrémité du ravin il y a un petit bâtiment construit en pierre qui remplit l'office de réservoir. Une belle source se répand dans un bassin, et c'est de là que se distribue l'eau de la ville.

Au-delà de ce bâtiment la route se contourne et monte rapidement pour atteindre le niveau de la plaine.

Le paysage qui s'offre alors à votre vue est imposant, et s'il perd l'immensité que je lui ai trouvée en le considérant des hauteurs du Santon, il ne laisse pas que de vous impressionner.

Ensuite, si l'on se retourne du côté de la ville, on a sur la gauche des collines verdoyantes disposées en ondulations, dans lesquelles l'œil aime à s'arrêter. Elles se déroulent plus ou moins rapides, et à leur sommet des rochers au ton grisâtre présentent leurs anfractuosités et terminent l'horizon. Sur la droite se trouve le camp Saint-Philippe, placé au-dessus d'un escarpement très-accidenté.

Je me mis à considérer cette nature sévère et belle en même temps, puis je revins sur mes pas en prenant par la montagne.

En arrivant au sommet d'une de ces collines, je m'aperçus que je foulais un cimetière arabe par les nombreuses pointes de pierre sortant de terre, les seuls indices dans ce pays qui montrent au passant un lieu de sépulture.

Je fus saisi d'un sentiment de tristesse, et j'allais me retirer lorsque je vis, au loin, un groupe d'Arabes parmi lesquels se trouvaient plusieurs cavaliers que précédaient deux porteurs embarrassés d'un lourd fardeau.

Des femmes suivaient à distance en poussant des gémissements qui venaient jusqu'à moi.

C'était une cérémonie religieuse qui s'accomplissait, et l'on portait dans sa dernière demeure le corps d'un Musulman.

Je m'arrêtai instinctivement par déférence.

J'ai acquis la certitude qu'il est toujours prudent de respecter les croyances ou les coutumes des peuples chez lesquels on se trouve. Ils saisissent bien vite cette réserve qu'ils savent apprécier, et, à l'occasion, ils vous en témoignent leur satisfaction.

Lorsque le corps fut déposé à terre, les cavaliers descendirent de cheval et se mêlèrent aux autres Arabes placés à quelques pas. Les femmes s'éloignèrent des hommes en continuant leurs gémissements.

Je remarquai des petits murs de maçonnerie qui s'élevaient un peu au-dessus du sol et protégeaient la fosse en formant une petite enceinte réservée, ce qui se fait pour les chefs ou des personnes notables de cette nation.

Je vis descendre le cercueil, et un certain temps fut consacré à des prières. Les hommes entrèrent dans cette enceinte un à un, et y accomplirent l'acte de leur dernier adieu par une invocation aux mânes de celui qu'ils ne verraient plus. Ils s'éloignèrent ensuite, et les femmes s'empressèrent d'entourer la fosse en redoublant leurs cris.

Parmi ces femmes se trouvaient sans doute des parentes du défunt; mais le plus grand nombre, selon la coutume du pays, sont des pleureuses qu'on charge du soin d'exprimer les regrets de la famille. Elles mettent tant d'action à cette œuvre, que beaucoup d'entre elles vont jusqu'à se déchirer la figure avec leurs ongles et gardent ces stigmates pendant plusieurs jours.

Lorsque la cérémonie fut achevée je vis un des cavaliers se diriger de mon côté; à son approche je reconnus Si-Ben-Kassem. Il remit son cheval à un Arabe de sa suite, et vint s'asseoir auprès de moi.

Il s'informa de l'objet de mon excursion. Je lui racontai ma promenade du ravin, et je lui exprimai l'intérêt que je venais d'éprouver en assistant, quoique de loin, à cette triste mission qu'il venait de remplir.

— Elle est triste, en effet; mais, mon fils, elle est obligatoire et personne ne doit la refuser à son semblable.

C'était un de mes amis; son grand âge me faisait craindre depuis quelque temps le moment de la dernière séparation; il s'est éteint comme un homme de bien, sans souffrance, en souriant à ceux qui l'entouraient.

— Que la terre lui soit légère, lui dis-je, et que Dieu le prenne en pitié !

— Oh ! pour quant à cela je n'en ai pas le moindre doute : il était bon et il a fait du bien.

Si-Ben-Kassem avait fini de parler depuis quelques moments lorsqu'une jeune mauresque, charmante enfant de huit à neuf ans, passa près de nous avec un joli bouquet de roses.

Elle s'approcha de mon vieil ami, lui prit la main, la porta à ses lèvres et lui offrit son bouquet.

Les parents de cette jeune enfant restent non loin du lieu où nous étions assis, au milieu d'un jardin dont les produits sont toute leur richesse. Si-Ben-Kassem leur a rendu quelques services, et le don de ce bouquet est une manière d'exprimer leur reconnaissance.

— Tu parais respirer ces fleurs avec délices, dis-je à mon vieil ami ; la rose serait-elle ta fleur de prédilection ?

— J'aime toutes les fleurs ; mais dans certains moments je préfère la rose. Tout-à-l'heure j'étais ému ; en respirant ce bouquet mon esprit s'est calmé.

— La rose possède donc par son parfum la faculté de porter le calme dans notre cerveau quand il est excité ?

— Oui, cette fleur me procure toujours une bien douce émotion ; son parfum envoie la volupté à ma pensée ; elle devient rêveuse sans tristesse. Maintenant la sensation est dans tout mon être et je suis sous le charme de cette fragile production de la nature.

— Ta réflexion me montre combien nous devons de reconnaissance à celui qui fait tout concourir pour notre bonheur.

— Il nous invite sans cesse à jouir de son immense travail, et il y aurait, mon fils, de l'ingratitude à le méconnaître : ne soyons jamais sourds à son appel.

— J'ignorais que je fusse dans un cimetière, dis-je à Si-Ben-Kassem ; les pierres que nous voyons éparses indiquent seules la destination de ce terrain.

— Ce sont nos épitaphes, et, comme tu le vois, elles ne sont pas fastueuses.

— Pourquoi n'élevez-vous point de pierres tumulaires qui rappelleraient, comme nous le faisons par des inscriptions touchantes, le souvenir d'un ami ou d'une mère qui vous fut chère?

— Ce n'est pas l'usage dans ma nation; nous conservons le souvenir, voilà l'essentiel. Il ne reste plus que le corps de ceux que nous avons aimés; nous l'entourons de précautions, et les cimetières, crois-le bien, sont l'expression d'une haute pensée.

La religion du cœur est pour la partie sensible qui était le lien affectueux qui nous unissait; elle s'est échappée pour aller dans quelque étoile achever de se purifier et se soumettre aux décrets de Dieu !

— Cette dernière réflexion me fit songer à cette croyance populaire qui nous fait dire que nous avons notre bonne ou mauvaise étoile.

Y a-t-il donc réellement quelque chose de vrai dans certaines croyances qui planent sur les générations?

— Je te ferai remarquer, reprit Si-Ben-Kassem, que les procédés employés pour la sépulture diffèrent essentiellement selon les temps, selon l'esprit ou la tendance de chaque époque.

— Je priai mon vieil ami de s'expliquer.

— Il m'entretint alors du mode que nous employons pour conserver les restes mortels de ceux que nous avons perdus. Il n'approuve pas la manière dont nous nous y prenons dans l'établissement de nos cimetières.

Il a vu, avec peine, depuis que les Français sont dans son pays, combien cette question semble peu nous intéresser. Il reconnaît que, pour les personnes riches et les chefs de l'armée, on prend un peu plus de précautions ; mais il dit, par exemple, que nous ne laissons pas écouler assez de temps avant que de remuer les couches des fosses communes, et en général il ne faudrait pas que la terre des cimetières fût touchée avant le laps de vingt années.

Il n'hésite pas à attribuer le germe des épidémies qui sévissent si cruellement à ce remuement exécuté à des temps trop rapprochés, surtout lorsqu'il a lieu à l'époque du printemps, dans le moment où la terre se réveille et rejette de son sein les miasmes dont les hommes l'ont chargée.

Nos corps s'emparent aussi bien de ces vapeurs malsaines que des autres fluides dont la mission est d'animer et de vivifier; ces mêmes fluides se transforment à des contacts impurs, et l'homme, en se les appropriant, recèle un principe qui l'affaiblit, qui tend à le désorganiser lentement, mais sûrement, et qui, bientôt, le livre aux cruelles maladies qui déciment l'humanité!

Remarque bien, ajouta Si-Ben-Kassem, c'est à cette cause ignorée qu'il faut attribuer la dégénérescence des forces de l'homme; car ce malaise qui l'obsède, et dont il ne se rend pas compte, n'existait pas dans les temps anciens.

— C'est à cette origine que tu attribues cela?

— Je n'hésite pas un moment à l'affirmer.

La mortalité existerait sans nul doute; mais l'homme serait moins tourmenté, la lutte qu'il soutient contre les agents invisibles qui le pressent sans cesse n'aurait pas la même tenacité : il résisterait donc davantage.

Vois l'Arabe, en ce moment, il n'est pas très-civilisé ; on ne peut comparer ma nation à aucune de celles de l'Europe, cependant l'instinct de la conservation est poussé ici bien plus loin que partout ailleurs. Nous avons le soin de maçonner nos fosses, excepté le fond sur lequel nous déposons le cercueil ; lorsque tout est fermé, nous le recouvrons de terre et nous n'y touchons plus.

— On dit que vous agissez ainsi pour soustraire les corps à l'avidité des bêtes fauves.

— C'est une autre pensée qui préside à cette sage coutume. Le vulgaire, il est vrai, n'y voit qu'une préservation de toute profanation à la sépulture de ceux qu'on a aimés et connus sur cette terre. Ce souvenir serait troublé à l'idée de la dispersion de leurs restes mortels. Mais tu conviendras qu'on parviendrait au même résultat avec moins de précautions.

— Et quel est donc le but de cette pensée, demandai-je à Si-Ben-Kassem ?

— Lorsque la vie a cessé, mon fils, nous tombons sous l'action des agents dont je viens de te parler. La décomposition s'empare de nos corps d'où la vie s'est retirée ; elle s'accomplit plus ou moins lentement, selon que notre système organique avait de force, et la terre, notre mère commune, s'approprie de nouveau ce qui sort de son sein.

C'est pour faciliter cette absorption que nous inhumons ainsi, et les petits murs de maçonnerie ne sont là que comme préservatifs ; par l'obstacle qu'ils opposent à toute évaporation malsaine, ils éloignent tout ce qui pourrait donner lieu à la naissance d'une épidémie. Nos traditions nous ont légué cette coutume que nous observons ponctuellement. Jamais nous ne touchons à nos cimetières; lorsque le terrain qui sert à cette pieuse consécration est épuisé nous en cherchons un autre, et les quelques pierres qui pointent çà et là, au-dessus du sol, indiquent à nos tribus qui émigrent un lieu jadis réservé à la dépouille mortelle de leurs semblables.

— Les peuples anciens, lui dis-je, qui brûlaient ou embaumaient les corps cherchaient donc, en agissant ainsi, à se préserver de vapeurs méphitiques?

— Certainement, et il faudrait peut-être revenir à ces sages coutumes ou, tout au moins, à un meilleur mode d'inhumation.

— Tu ne peux ignorer que tout ce qui constitue l'hygiène publique préoccupe sérieusement le gouvernement français.

— Je le sais, et c'est pourquoi je t'entretiens de cette question. Elle a une importance sérieuse, et il est sage d'en tenir compte également.

Non-seulement je voudrais que la France entrât dans cette voie de régénération, mais je voudrais aussi que toutes les autres nations fissent de même.

Ce serait une amélioration immense et un gage de sollicitude donné aux hommes, donné à l'humanité entière.

Si-Ben-Kassem me fit part ensuite d'un moyen bizarre pour ensevelir. Il dit que si l'on imbibait les linceuls d'huile de poisson, et qu'on en couvrît les corps seulement dans la région des parties organiques, ce procédé aurait l'inappréciable avantage de préserver de toute exhalaison.

Je voulus connaître en quoi l'huile de poisson pouvait contribuer, dans cette circonstance, à déterminer l'heureux effet préconisé par lui.

Il entra aussitôt dans l'appréciation des affinités dont chaque corps ou ses décomposés se trouvent doués.

Selon Si-Ben-Kassem, les huiles provenant des végétaux montent sans cesse, c'est-à-dire l'évaporation de leurs parties élémentaires ont une tendance à se mêler à l'atmosphère : ces huiles-là sont donc plutôt nuisibles que propices dans l'emploi en question.

Au lieu que l'huile de poisson étant le produit d'une filtration alimentaire puisé dans le régime des eaux, l'aimant qui attire les semblables dirige les parties constitutives de cette huile dans la région des nappes souterraines, et dans ce travail admirable de la loi universelle, il entraînerait également les éléments qui constituaient l'être animé.

Je fus frappé de cette définition.

Cette question des cimetières avait pris un développement auquel j'étais loin de m'attendre.

Que l'action admise par Si-Ben-Kassem fût réelle et véritablement soumise à la loi de nature ou une hypothèse puisée dans ses convictions, je ne l'en félicitai pas moins pour ses bonnes intentions.

Je fis ensuite remarquer à mon vieil ami qu'il y aurait peut-être difficulté de recueillir l'huile nécessaire pour l'emploi qu'il indique.

— Ne crains pas cela, l'huile de poisson ne pourrait faire défaut. Il existe une grande quantité de ces animaux répandus dans les mers; leur chair coriace ne peut servir à la subsistance de l'homme. En ce moment ils sont négligés, leur utilité les ferait rechercher avec plus d'attention.

Il semble que la nature, fidèle à sa mission, veuille encore, dans cette circonstance, montrer à l'homme tout ce qui peut lui être utile, et que rien de ce qu'elle produit ne doit être délaissé.

Il continua en insistant sur l'établissement d'un règlement qui fixerait des époques plus éloignées pour retourner la terre des cimetières. Si le procédé de l'huile de poisson pouvait prédominer, il ne faudrait que huit années d'intervalle; mais dans l'hypothèse contraire il faut au moins vingt ans.

La profondeur des fosses devrait toujours être de 2 m. à 2 m. 50, ce qui amènerait un changement à introduire dans le mode de construction des caveaux de famille, en se rapprochant le plus possible des idées émises par lui.

Les fosses communes, étant aussi l'objet d'une attention toute spéciale, ne vous exposeraient plus à voir des cadavres à quelques pelletées de terre du sol !

Il attribue la naissance de cette cruelle maladie, le choléra, à l'agglomération lente, mais continue, des vapeurs qu'exhalent les cimetières, tous ces centres d'infection. Ces vapeurs, à leur début, ne présentent pas encore une bien grande malignité, puisque les fossoyeurs n'ont pas précisément à souffrir de leur évaporation, attendu qu'elle s'effectue par petites parties; mais, comme ces vapeurs s'attirent mutuellement, il arrive qu'à la suite de temps plus ou moins long, cette agglomération prend des proportions si considérables qu'elle devient alors une cause de mortalité vraiment effrayante.

— Ce ne sont, continua-t-il, ni les lieux humides ni les endroits secs qui engendrent le mal; il prend sa source dans la cause que je te signale. Le principe morbide n'est plus dans les conditions de l'absorption ordinaire et qu'une organisation forte peut combattre. Il a pris dans les temps de choléra un tel développement que les forces humaines semblent terrassées par cet athlète de la destruction!

Il se meut avec lenteur, quelquefois rapidement; il s'appesantit sur un lieu, au hasard, puis s'en détache pour aller un peu plus loin sévir avec une nouvelle intensité, selon que l'état atmosphérique s'y prête; c'est enfin le météore destructeur, seulement il échappe à la vue.

Arrivé à ce point, le mal, vois-tu, n'est plus dans la terre, il règne dans l'espace jusqu'à ce que quelque courant électrique l'absorbe ou le pousse dans les régions brûlantes des sables où le mal s'engouffre, pour se disséminer dans les couches profondes de l'intérieur de la terre.

— Vois encore, ajouta Si-Ben-Kassem, l'ineffable bonté de l'Eternel. Ces déserts, que les hommes ne comprennent pas et qu'ils pensent être une anomalie de la nature, sont précisément les grands réservoirs où viennent se précipiter les fluides impurs de la terre. La haute température de ces endroits réservés attire et détermine ces courants dont l'action puissante assainit et purifie les régions de l'air.

Voilà ce qui apaise et détruit les épidémies qui déciment; car sans cela elles seraient constamment permanentes, et que deviendrait l'humanité? Que deviendrait la nature entière?

Glorifions Dieu, mon fils, en reconnaissant sa sagesse.

— Tu crois que l'homme pourrait alors modifier sensiblement le milieu dans lequel il vit?

— Je n'en fais pas le moindre doute.

— C'est donc une conviction bien arrêtée chez toi?

— Oui, et il y a longtemps qu'elle s'est formée avec toute la force d'un sentiment profond.

Cette pensée, et bien d'autres, sont la distraction de

mes promenades solitaires. Notre rencontre m'engage à te les faire partager ; c'est à toi à retenir ce qui peut te plaire.

— Tu seras toujours là, dis-je à Si-Ben-Kassem, en lui faisant sentir les pulsations de mon cœur : il ne t'oubliera jamais.

— Si-Ben-Kassem, en souriant, me dit que le sien retrouvait la chaleur du jeune âge quand il s'agissait de faire une bonne œuvre. Aimer ses semblables, mon fils, c'est la loi suprême : que nos actions tendent donc sans cesse vers l'accomplissement de ce devoir!

Crois-le bien, dans ce qui se dit ou s'écrit, pour en assurer l'effet, tout ne se perd pas. Quelques paroles, quelques pensées sont toujours recueillies, si peu que ce soit, le but est atteint. Elles finissent par germer dans le cerveau de quelques penseurs sérieux qui, dominés par elles, emploient leur pouvoir et leur influence à apporter du soulagement aux souffrances de leurs semblables.

— Je reconnais, dis-je à Si-Ben-Kassem, que cette question est plus importante qu'on ne le croit communément. Je vois que tu l'as étudiée sérieusement; mais, lors même que l'on connaîtrait tes idées sur ce sujet, la conviction pénétrerait-elle le cœur de ceux qui pourraient modifier des habitudes admises on ne sait trop comment, et suivies depuis si longtemps?

— Oui, mon fils, car on est toujours touché par une opposition douce de la vérité contre l'erreur.

Notre conversation en resta là, et nous revînmes ensemble à Oran.

Le sujet de cette lettre est un peu lugubre et j'ai hésité, mon cher ami, à te l'écrire. Ce n'est que quelques jours après cet entretien que je me suis décidé à te donner connaissance de la manière de voir de mon vieil Arabe.

Ses intentions sont excellentes; et s'il était vrai qu'en prenant les précautions qu'il indique l'on parvînt à éloigner les causes de perturbations atmosphériques qui ont une si grande influence sur notre organisme, pourquoi ne chercherait-on pas à suivre quelques-unes de ses idées?

Toute tentative d'essai qui a pour but d'augmenter

les procédés d'assainissement doit intéresser et plaire, principalement à ceux qui aiment à remonter aux causes de tout ce qui s'accomplit sur cette terre.

Que d'améliorations bienfaisantes qui profitent aux hommes ont commencé par être peu appréciées ! il leur a fallu, je ne dirai pas la sanction du temps, mais bien un moment favorable qui les a aidées à se produire et à répandre les bienfaits qu'elles promettaient !

Puisse l'idée de Si-Ben-Kassem trouver cette heure propice et ne pas attendre trop longtemps !

V

LE RÉCIT

Depuis quelque temps je n'avais eu occasion de voir Si-Ben-Kassem. Il avait été obligé de faire un voyage pour ses affaires personnelles, et moi-même j'avais été chargé d'un travail à Mers-el-Kébir qui absorbait tous mes moments. Il m'eut été difficile de consacrer quelques heures, soit à des promenades, soit même à des causeries le soir.

Je songeais chaque jour à notre viel ami, en accomplissant le trajet d'Oran à Mers-el-Kébir. Son souvenir ne me quittait pas ; je repassais dans ma mémoire quelques traits saillants de ses intéressantes conversations, et, comme tu l'as fort bien remarqué, ce sont de ces choses qu'on ne peut plus oublier.

Je ne te parlerai pas de Mers-el-Kébir ; tu connais sa position et toute l'importance qui lui a été donnée. On venait d'y interner des prisonniers arabes. J'eus occasion de les voir de près ; ce sont des hommes énergiques, mais que le fanatisme égare. S'ils comprenaient leurs intérêts ils ne repousseraient pas le patronage éclairé de la France. Loin de les tourmenter dans leur croyance, notre gouvernement restaure leurs mosquées, respecte leurs habitudes. Il veut laisser au temps le soin d'opérer la transformation des Arabes et les amener peu à peu, sans trop de transition, à goûter les bienfaits de notre civilisation. C'est une belle mission que la France a entreprise en cherchant à régénérer ce peuple.

J'avais terminé mon travail depuis quelque temps,

lorsque Si-Ben-Kassem revint de son voyage. Nous reprîmes nos entretiens qui augmentèrent en intérêt de jour en jour, par les récits variés qu'il me faisait.

Cette liaison me plaisait infiniment, et je découvrais dans mon vieil ami des qualités qui me le font estimer de plus en plus. Il est bon, simple dans ses goûts et d'une grande retenue.

Il fallait que mon empressement de connaître lui fût bien prouvé, alors il cédait. Dans ces moments d'épanchement il reprenait toute l'ardeur de sa jeunesse et sa mémoire ne lui faisait jamais défaut.

Six mois se passèrent ainsi lorsqu'il fut obligé d'aller à Mostaganem. Il me proposa de l'accompagner; nous ne devions rester que quelques jours pour cette excursion qui m'offrait un grand attrait. J'acceptai avec empressement l'offre amicale de mon vieil ami, et le jour fixé pour le départ étant arrivé, nous nous mîmes en route.

Si-Ben-Kassem m'avait amené un bon cheval arabe, harnaché à la manière du pays. La selle avait une telle dimension que le dossier, c'est la véritable expression, m'arrivait au milieu du dos : j'étais absolument comme dans un fauteuil.

Un des serviteurs de Si-Ben-Kassem, qui a vu le jour à Tombouctou, c'est te dire la nuance de sa peau, vint nous rejoindre au quartier de la Mosquée, situé au-dessus et près du ravin blanc. Ce nom a été donné à ce ravin à cause d'un gisement de pierre blanchâtre dont il est parsemé et qui forme la falaise à son débouché à la mer.

Le négro était monté sur une mule. L'allure preste et sûre de ces animaux les fait choisir de préférence pour parcourir un sol pierreux et accidenté. Cette mule était chargée de provisions renfermées dans un double couffins, espèce de panier tressé avec des filaments tirés du palmier nain. Une tente, fort bien empaquetée, complétait avec les ustensiles indispensables ce qui est nécessaire pour établir un campement.

Je me tenais à côté de Si-Ben-Kassem et nous avancions assez rapidement dans le pays, quoique modérant l'allure de nos montures. J'avais eu la précaution de prendre mon fusil de chasse avec l'intention de m'en servir, s'il se présentait une occasion favorable.

Après avoir dépassé quelques fermes de colons, placées sur la route, et formant un point intermédiaire entre Oran et le vieil Arzew, le pays prit un aspect plus agreste. Des touffes d'arbrisseaux ombrageaient le sol et offraient quelques couverts; nous avions déjà fait lever des perdrix, et mon vieil ami me demanda si je voulais me mettre en chasse. J'acquiesçai immédiatement à sa proposition.

Le temps était magnifique, la chaleur supportable sur la hauteur que nous parcourions, l'air était pur. J'avais, en outre, la perspective d'une nuit à passer sous la tente auprès d'un bon feu, au gîte de la Macta, un peu plus de la moitié du chemin d'Oran à Mostaganem. Mon vieil ami ne manquerait pas de me raconter quelques épisodes de sa jeunesse, ainsi qu'il le faisait toujours dans les circonstances qui nous rapprochaient en l'isolant de ses compatriotes. J'avais donc l'espoir de goûter quelques moments agréables et avec beaucoup de variété : j'étais véritablement heureux.

Ma chasse commença avec succès, mais il n'y avait pas lieu de me glorifier de mon adresse : les perdrix étaient nombreuses, et ces pauvres petites bêtes, dans cette saison, sont si grasses qu'elles ne s'échappent qu'à grand peine; aussi les Arabes les attrappent-ils à la course en les étourdissant à coups de bâton.

J'avais déjà plusieurs perdrix dans ma carnassière et je commençais à être fatigué; l'appétit se révélait impérieusement. Je rejoignis Si-Ben-Kassem qui marchait lentement sur la route, je remontai en selle et nous pressâmes le pas de nos chevaux afin d'arriver de bonne heure au pied de la montagne des Lions où nous devions faire une halte.

Cette montagne, ainsi nommée, bien que les lions ne s'y rencontrent plus que fort rarement, avait à une autre époque donné effectivement asile à ces animaux redoutables. Aujourd'hui elle sert de refuge à quelques hyènes et à des chacals.

Plus on approche de cette montagne, plus elle s'agrandit et prend des proportions considérables. On y voit de grandes plaines superposées les unes aux autres et soutenues par des masses de rochers, dont les teintes variées et chaudes les font apercevoir très-distinctement en les détachant en clair sur les tons plus foncés du sol. Des plis de terrains accidentés forment, en plusieurs endroits, des ravins dont les oppositions à la lumière projettent de grandes ombres et serrent le cœur sans qu'on puisse se rendre compte de cette sensation.

Si-Ben-Kassem me proposa une halte auprès d'une source que nous venions de trouver ; nous nous mîmes à l'ombre d'un quartier de roc sur une belle pelouse.

Le négro, sur un signe de son maître, s'empressa d'allumer un bon feu avec des branches sèches, et après avoir coupé et placé devant nous quelques feuilles de palmiers nains, il posa dessus des galettes d'orge, de la viande de mouton séchée et salée; des figues sèches, agglomérées entre elles et formant une espèce de gâteau; des amendes et des raisins secs; deux tasses à café, du tabac et deux pipes : tout cela se fit avec une grande dextérité et sans le moindre embarras. Il puisa de l'eau dans la source; elle servit à faire d'excellent café à la manière arabe qui, selon moi, est supérieure à la nôtre. Elle consiste en café pulvérisé en poussière impalpable; on met une cuillerée de cette poudre pour chaque tasse ; on jette l'eau bouillante dessus et l'on remue quelques instants, puis, après un léger bouillon, on frappe la cafetière sur le sol pour faire descendre les marcs, et le café est fait. Préparé ainsi il a un arôme que je ne lui trouve pas avec notre procédé; comme tu le vois, il est naturel, sans aucune addition de substance étrangère.

Le négro mit des entraves aux pieds des chevaux et à la mule; on leur ôta leurs brides, et ces animaux, abandonnés à leur instinct, trouvèrent facilement ce qu'il leur fallait.

Nous déjeunâmes avec appétit; le lieu où nous étions, rafraîchi par la brise, nous faisait jouir d'un moment de repos plein d'attraits.

J'avais fini depuis quelques instants; Si-Ben-Kassem lui-même, tout en fumant, était plongé dans une douce rêverie. Il contemplait avec moi tout ce pays dont la terre forte, et d'une excellente nature, n'attend que des bras pour produire. Le soleil nous pénétrait et contribuait à me disposer à la joie. Cette sensation se traduisait visiblement sur mes traits, et mon vieil ami, qui s'en aperçut, me fit remarquer combien nos organes subissaient cette bonne influence.

— Oui, lui répondis-je, je sens depuis que je suis ici une liberté d'action plus prononcée, et mes idées se présentent avec une netteté que je ne possède pas lorsque cette influence n'est plus la même.

— Il doit en être ainsi. La vie est facile sous un beau ciel : on médite mieux à l'air libre.

— Je sais que tes compatriotes affectionnent beaucoup cette existence. Mais ton observation me paraît fort juste.

— Cette manière de vivre donne à notre sang de la fluidité ; il circule facilement ; il arrive au cœur sans secousse ; nos idées sont plus calmes et ont toute leur force.

— Complète, je te prie, ta pensée sur ce sujet.

— Le cœur, mon fils, c'est la sensibilité ; sa corrélation est instantanée avec la tête ; il est l'écluse de nos pensées, et comme il est la source des émotions les plus fortes, l'homme doit sans cesse chercher à les modérer afin qu'elles remontent sans trouble à son cerveau. Les idées alors s'élaborent doucement, elles naissent de même, et ce qu'elles perdent d'agitation elles le gagnent en perception.

— Le soleil, en vivifiant nos organes, est donc l'agent invisible qui préside à toutes nos actions?

— Oui, il est l'arbre de vie, il anime la nature entière, c'est lui qui réchauffe nos membres toujours prêts à se glacer. Ses rayons bienfaisants font ouvrir les fleurs dont nous respirons avec délices les parfums. Sur toutes les mers il étend son empire et il enrichit la terre d'abondantes moissons; car la terre a été créée pour être fertile et le soleil pour l'animer. C'est lui qui entretient limpide la course des rivières et qui s'empare de leur superflu. Aux pôles des barrières infranchissables semblent posées, et dans ces blocs immenses de glaces il n'y apparaît jamais, tandis que vers cet autre point de la terre où sont les sables, il les entretient mouvants par sa brûlante chaleur, afin de leur faire accomplir la mission que je t'ai révélée. Il est tout et pourtant il n'est rien, puisqu'il n'est qu'une des forces de la nature et qu'il obéit aussi à l'ordre.

— Les pays heureux sont donc ceux où il se fait voir le plus longtemps?

— Oui, mon fils; aussi celui qui a voyagé trouve la place qui lui convient. Il y a toujours une certaine partie de la terre qui l'attire et il doit chercher à s'y fixer.

— Oh, que tu as raison ! Il n'est pas un de nous qui n'ait désiré tel petit coin de terre, ignoré sans doute pour d'autres, et qui serait une satisfaction bien vive pour celui qui l'obtiendrait.

— La sensation que tu exprimes est l'expression d'une réelle jouissance. Mais si nous ne voulons parler que du plaisir des yeux, je trouve que non-seulement quelques sites favorisés le procurent, mais que la nature prise dans son ensemble offre un grand attrait.

— Oui, je le reconnais, un horizon étendu, des montagnes bleuâtres et vaporeuses encore au-delà, se perdant dans l'infini avec tout le prestige de la lumière, tout cela est fait pour charmer l'esprit.

— Dans ces grandes vues, mon fils, les yeux retiennent : elles ne peuvent plus s'effacer.

— En effet, je me rappellerai toujours la surprise que j'ai éprouvée en voyant la mer pour la première fois.

Ta remarque est fondée, car mes yeux n'en perdront jamais le souvenir.

— Oh oui! mon fils, la mer est après les cieux tout parsemés d'étoiles le plus grand monument de l'univers entier. Elle inspire le respect même à nos pensées les plus élevées. Ses vagues mouvantes apportent avec elles un souffle bienfaisant ; sa mission est de tout purifier, et que ce rôle qui lui est dévolu dans la création est sublime ! C'est pour cela que la sagesse suprême qui a présidé à sa formation lui a donné un développement si considérable.

Quelle immense étendue elle parcourt en espace ! et l'homme par son génie aventureux se l'est appropriée : elle fut créée pour lui, nous n'en pouvons douter. Il la visite sous les différents noms qu'elle emprunte aux continents qu'elle baigne ; mais là s'arrête la puissance de l'homme. Lui est-il donné de sonder le réservoir où elle assied ses bases? peut-il apprécier, avec justesse, la cause de son agitation parfois si terrible : les tourbillons du désert peuvent nous donner une faible idée des tourmentes intérieures qui la soulèvent. Ne dirait-on pas que la mer a un mouvement circulaire dans ses bases, et que c'est une des causes de ces phénomènes qui s'accomplissent à sa surface. Je m'arrête, je ne veux pas entrer dans le secret de la création. Ces questions profondes, qui préoccupent quelques hommes, couvrent toujours mon front d'une rougeur timide et me font sentir mon néant.

Mais je suis toujours heureux quand je me promène sur les bords de la mer, et je ne saurais te dire ce qui se passe en moi lorsque ma vue s'arrête à contempler du rivage le clapotement des lames, le mouvement du sable qu'une vague apporte à nos pieds, et qu'une autre tout aussitôt entraîne avec elle! Dans ces moments de contemplation rêveuse je m'isole de la nature entière, et en élevant les yeux je reste tout consterné.

Le spectacle de l'immensité des mers me révèle tout un abîme de pensées, et là, sur ce peu de sable, je fais ma prière à l'Eternel, dispensateur de toutes choses ; sans doute que le souffle qui agite doucement les flots emporte avec lui l'élan de mes désirs, et qu'il les transmet à quelque peuple inconnu de ces lointains rivages, que nous ne visiterons jamais!

J'étais ému de cette description, et en écoutant Si-Ben-Kassem, j'avais éprouvé un sentiment profond d'admiration pour lui. Il mettait tant de conviction dans l'exposé de ses sensations personnelles qu'il avait l'art de me les faire partager.

Je regrettais presque son origine. S'il était né parmi nous, me disais-je, quelle supériorité n'eut-il pas acquise en s'instruisant auprès de nos savants célèbres. Puis, par un retour d'idées, mues par une impression contraire, je me demandais si mon vieil ami ne gagnait pas à être étudié sous son véritable jour, c'est-à-dire tel qu'il est.

Je voulus connaître comment il a acquis son savoir. C'est une promesse qu'il m'avait faite depuis longtemps.

L'occasion était propice, le négro avait rangé les débris de notre repas et, en serviteur soigneux, il attisait le feu pour nos pipes, veillait sur nos montures, tout en se délectant du fruit du caroubier dont il est très-friand, et que ces arbrisseaux qui nous entouraient lui fournissaient en abondance. Il épiait donc nos moindres mouvements afin de nous éviter le plus petit embarras.

Si-Ben-Kassem cédant à mon désir, me dit : Oui, le moment est venu, mon fils, où je vais te donner quelques détails sur les années de ma jeunesse qui ont, comme je te l'ai dit, influé sur ma vie tout entière.

En l'année 1800 de votre ère, j'avais quinze ans. Mon père occupait auprès du bey d'Oran un emploi élevé qui répond chez vous à celui de ministre d'Etat.

En récompense de services rendus, le bey lui fit cadeau, à cette époque, de plusieurs esclaves chrétiens de différentes nations : dans le nombre se trouvait un Français. Cet homme nous parut avoir de 45 à 50 ans ; son air majestueux et imposant nous le fit tout de suite distinguer des autres esclaves.

Cet étranger, car en parlant de lui je ne me servirai pas de ce terme d'esclave, il ne fut jamais regardé comme tel par mon père ni par moi ; cet étranger, dis-je, adressa la parole en arabe à mon père avec le calme et la simplicité qui plaît tant dans ma nation ; il lui dit : Je me nomme Horem, la France est ma patrie ; je voyage depuis dix ans pour satisfaire mes goûts et aussi pour m'instruire.

Ma fortune et les recommandations de mon gouvernement m'ont toujours fait accueillir favorablement dans tous les pays que j'ai visités, Oran seul m'a été funeste, mais je me soumets sans murmurer aux décrets de la Providence !

Je serai pour toi un triste esclave si tu me fais servir à des travaux grossiers, tandis que si tu m'emploies comme Taleb je pourrai te rendre de grands services.

Mon père, qui était instruit et très-versé dans les écrits des anciens, fut frappé de tout le parti qu'il pourrait tirer de ce Français; il lui tendit la main et lui répondit : Tous les savants sont de même nation; tu peux te regarder comme libre du moment que tu me feras la promesse de ne pas chercher à me quitter.

Cette promesse je te la fais, lui répondit-il, et elle me sera facile à tenir; depuis longtemps j'avais un ardent désir de connaître les mœurs de ton pays : il faut bien des années pour une semblable étude. Rien ne m'attire en France, je n'ai plus de famille, je puis donc dire que je suis seul au monde : je serai à toi aussi longtemps que tu le désireras.

Le jour même le Taleb Horem fut installé dans une chambre sur la terrasse de notre demeure et donnant sur la mer. Mon père obtint du bey que la malle de son esclave lui serait rendue, l'argent seul ne fut pas restitué : il avait déjà été partagé entre les soldats de la garde du bey qui étaient casernés à la Kasba.

Cette malle contenait des manuscrits précieux et un long travail de notes qu'Horem avait recueillies dans ses voyages. Il laissa voir tout le plaisir qu'il éprouvait de rentrer en possession de ses chers trésors, et il en remercia très-chaleureusement mon père.

J'avais terminé mes premières études qui consistaient dans l'explication des principaux versets du Coran. Mon père, après s'être assuré que le savoir de son Taleb était réel, me confia à lui.

Deux années se passèrent dans des travaux intellectuels où mon intelligence prit un développement rapide. J'avais lu, avec lui, l'histoire des nations anciennes et modernes, et je commençais à comprendre que les études de mes compatriotes étaient beaucoup trop limitées.

Il m'initia ensuite aux propriétés des agents naturels; c'est avec une ardeur bien vive que je suivis ses intéressantes explications.

A cette époque je suivis mon père dans une expédition qui eut lieu contre les gens de Tlemcem. J'y reçus une blessure qui s'envenima promptement par suite de l'excessive chaleur. A notre retour à Oran cette blessure présentait un très-mauvais caractère, et mon père ne pouvait plus dissimuler son inquiétude.

Horem le rassura en lui disant qu'il avait fait des études en médecine et en chirurgie, et qu'il lui répondait de ma guérison. En effet, il prit une espèce de pâte très-dure, dont il en racla une partie sur ma blessure. Ce remède bien simple fit reprendre les chairs, et j'étais guéri au bout de quelques jours. Le secret du remède il le tenait d'un Indien, dans le pays duquel il avait également voyagé.

Cette miraculeuse guérison eut pour résultat de nous attacher de cœur à notre Taleb, et à dater de ce moment je l'aimai véritablement; bientôt j'eus lieu de croire que j'étais payé de retour. En effet, ses leçons devinrent des entretiens, le maître et l'élève disparurent : deux amis seuls restèrent.

— Et ce Taleb, comme tu dis, est-il resté longtemps avec toi?

— La suite de mon récit t'apprendra quelle fut sa destinée.

— Je m'intéresse à cet Horem, non-seulement parce qu'il est né en France, mais aussi par les souvenirs agréables qu'il t'a laissés.

— Tu connais maintenant par quel moyen j'ai appris le français; cette langue était si douce lorsque je la prononçais que mon père se plaisait à me la faire parler.

Horem m'apprit également votre manière de versifier, et il me fit lire les beaux ouvrages de vos charmants poètes.

— Il fut réellement bon pour toi; son enseignement était sérieux, et je vois qu'il y apportait beaucoup de soins.

— Tu ne peux en douter; aussi mon père s'attacha-t-il à lui presque autant que moi. Il me voyait grandir sous l'œil bienveillant d'un maître vigilant et capable, il en était heureux.

— Je ne suis plus surpris maintenant de tes tendances

religieuses, je vois qu'Horem a dû puissamment y contribuer.

— C'est à lui que je dois la révélation de Dieu, dégagé de toute superstition, tel que les hommes doivent le concevoir et l'aimer.

— Comment faisais-tu pour que tes parents ignorassent cet heureux changement dans ta manière de penser?

— Voici comment je m'y prenais :

Le matin j'allais à la Mosquée recevoir l'instruction religieuse de notre marabout, et le soir Horem m'expliquait les beautés de votre Evangile. Il s'y était pris peu à peu. Dans les premiers temps il avait le soin, à chaque démonstration, d'appeler mon attention sur la bonté infinie du Créateur, sur l'indifférence des hommes à l'égard de Dieu, dont quelques-uns, dans leur ignorance, n'hésitent pas à recourir aux pratiques les plus absurdes, croyant l'honorer.

Il me faisait remarquer avec quelle simplicité Dieu a créé toute chose, et que c'était à cela que le philosophe reconnaissait la véritable manière de le faire comprendre aux hommes. Plus les pratiques sont simples, me disait-il, et plus elles doivent lui plaire. Or, la morale de Jésus, sa simplicité, la charité qui l'animait, et les quelques préceptes qu'il a donnés aux hommes, se révèlent à nous comme étant ce qu'il y a de plus sublime.

J'étais déjà habitué à regarder Jésus comme un des plus grands prophètes, les conversations d'Horem m'amenèrent insensiblement à saisir toute la portée de sa divine mission.

— Cette initiation a-t-elle été complète?

— Tout ce que je puis te dire, c'est qu'Horem a détourné mes yeux de tous les points obscurs pour les reporter vers la vraie lumière.

Je restai donc en apparence fidèle à la foi de mes pères; mais au fond du cœur j'adoptai la croyance de mon ami.

Le soir, lorsque le soleil s'abaissait à l'horizon et inondait l'espace de ses feux éclatants; alors que les nuages semblaient se revêtir de pourpre et d'or en réfléchissant les derniers rayons de l'astre du jour, Horem appelait mon attention sur ce beau spectacle ; il me parlait de celui qui préside à ces phénomènes célestes dont la mesure est prescrite avec tant de sagesse ; la force, me disait-il, n'agit nulle part, l'harmonie seule dirige l'univers. Toute croyance, ajoutait-il encore, basée sur la force s'écarte des principes éternels.

— Tu as grandi dans cette croyance ?

— Oui, et ce fut ma consolation ; plus j'acquérais de savoir par une étude soutenue, plus l'idée de Dieu tel qu'Horem m'avait appris à le connaître, grandissait dans mon cœur ; car sa religion n'excluait pas la véritable science ; elle la fortifiait de toute sa raison d'être, et c'est ce qui me l'a fait aimer.

— Ce que tu dis là est sage, et si je n'avais déjà pour toi une sincère affection, cela seul me porterait à t'aimer.

Si-Ben-Kassem sourit à cette réflexion, et continua à m'entretenir d'Horem dont le souvenir l'impressionnait beaucoup.

Il y avait déjà plusieurs années, reprit-il, qu'Horem

était avec nous lorsqu'il tomba malade. Ce fut à mon tour à lui témoigner tout mon dévouement par les soins dont je l'entourai. Il prescrivait lui-même ce qu'il lui fallait et, malgré cela, le mieux n'était pas sensible. On aurait dit que la nature chez lui était arrivée à un tel état de prostration, qu'elle semblait se complaire dans quelques désordres nerveux, afin de reprendre plus tard une nouvelle vigueur.

Un jour il me donna un manuscrit qu'il avait écrit lui-même et en caractères arabes, c'était le résumé de tout ce qu'il avait appris et lu dans ses voyages. Il me recommanda de le serrer en un lieu sûr et à l'abri de toute profanation. Je t'expliquerai ce qu'il contient, me dit-il en me le remettant ; tu as le cœur assez fortement trempé pour comprendre ce qu'il renferme, et ce sera ta récompense, puisque l'étude semble faire ton bonheur.

— Et ce manuscrit, dis-je à Si-Ben-Kassem, l'as-tu toujours ?

— Oui, et, pour lui complaire, je songeai à le mettre en sûreté dans un lieu tellement retiré qu'il serait impossible de le trouver.

— Ne pouvais-tu le garder chez toi?

— C'était impossible puisque nous n'avons point de meubles comme vous autres Français. J'aurais pu l'enterrer dans le jardin, mais si j'avais été remarqué de quelque serviteur, son indiscrétion pouvait tout compromettre et révéler le secret de mon cher maître.

— Que disait donc ce manuscrit, et quel intérêt Horem avait-il de te le confier pour le cacher?

— Plus tard je te le dirai.

Par une coïncidence bien remarquable, il semble que je doive agir à ton égard comme Horem l'a fait avec moi à une autre époque.

— Mais ce manuscrit contient-il donc des choses tellement sérieuses qu'il faille de semblables précautions?

— On ne saurait l'entourer de trop d'attention.

— Tu piques ma curiosité.

— C'est une faiblesse, mon fils, il n'est pas sage d'y

céder. Il est toujours bien de savoir se posséder : le moment n'est pas venu. Dans le récit que je te fais je ne pouvais te laisser ignorer une circonstance qui a influé sur toute ma manière de vivre, comme probablement elle influera sur la tienne un peu plus tard.

— Je compris l'intention de Si-Ben-Kassem, et il était inutile d'insister. Je le priai de vouloir bien continuer.

— Je te disais donc qu'Horem ne se rétablissait pas ; mais depuis qu'il savait son manuscrit en sûreté il était plus tranquille. Il se faisait quelquefois porter le soir sur la terrasse pour rafraîchir son sang, et après y être resté une heure ou deux, selon qu'il était disposé, on le reportait dans sa chambre. Là, près de son lit, je lui tenais compagnie une partie de la soirée, et je veillais moi-même sur ce qui lui était nécessaire.

Au bout de six semaines passées dans les alternatives d'espoir et de doute, un mieux se fit sentir par un calme plus prononcé. Ce ne fut qu'à partir de ce moment que je vis que je ne perdrais pas mon ami, et j'en remerciai Dieu bien vivement.

Ses conversations étaient plus soutenues, et lorsque je

voulais l'empêcher de parler il insistait, tant il avait le désir de continuer ses leçons. Je cédais toujours : il m'était impossible de lui résister.

Un soir que nous étions sur la terrasse, nous considérions la voûte du ciel. D'innombrables étoiles scintillaient dans l'espace, et comme l'air est bien plus raréfié dans ce pays que dans le tien, elles nous apparaissaient avec toute leur beauté.

Les hommes, me disait-il, dans leur étude du ciel, donnent différents noms à ces étoiles ; ils les classent par ordre ; leur nomenclature est établie avec soin : ils nomment les plus grosses planètes. Ils disent que les étoiles fixes sont autant de soleils, centre d'un nouvel univers, et vers lesquels gravitent d'autres corps semblables à notre terre. Mais de l'influence qu'elles peuvent avoir dans l'ordre universel, il n'en est jamais question.

Dieu, me disait-il encore, laisse faire les hommes; ils discutent, commentent, établissent des systèmes, puis, sur un de ses signes, une commotion électrique bouleverse tout-à-coup ce qu'ils ont si péniblement échafaudé. Je me hasardai à demander à Horem ce qu'il pensait de ces corps célestes.

La vraie mission de ces planètes est de nous attirer, me répondit-il. Elles sont comme l'aimant ; c'est vers elles que l'esprit de la terre qui nous anime se dirige après notre mort : c'est là que cette partie de nous-même va se purifier. Des fils conducteurs nous relient sans cesse à elles, et dès que nous nous débarrassons des liens de la terre, c'est-à-dire lorsque notre corps n'a plus assez de force pour s'approprier l'atmosphère terrestre, elles reprennent leur empire : ce sont nos guides.

Je sentais de plus en plus par ces belles définitions combien la philosophie douce d'Horem était consolante. La création ne m'apparaissait pas avec l'aridité d'une science exacte, mais bien avec l'amour ineffable de son auteur. Et lorsque je lui demandais si ces questions qui m'intéressaient tant avaient l'approbation des savants de son pays, il me répondait : pas encore ; mais cela viendra, car tout ce qui est vérité a toujours tôt ou tard une lumière.

Il reprit peu à peu ses forces et finit par se rétablir entièrement. A cette époque j'avais vingt ans accomplis, et mon père comprit combien il serait avantageux pour moi d'entreprendre un voyage sous la conduite de notre ami.

Il fit venir Horem et lui parla de son désir, en lui disant qu'il espérait qu'il tiendrait sa promesse et qu'il ne m'abandonnerait pas.

Le voyage que tu vas entreprendre avec mon fils, ajouta mon père, c'est la liberté; je ne te demande qu'une seule chose, c'est de l'employer à achever ton œuvre.

Complète son instruction, et en l'initiant aux mœurs et aux coutumes des peuples que vous allez visiter, je crois que tu finiras par en faire un homme.

Horem accepta et tint sa promesse, seulement il demanda à mon père de différer ce voyage de quelque temps pour lui permettre de terminer un travail qu'il était sur le point d'achever.

L'idée de mon père avait germé dans ma tête, et chaque jour de retard augmentait mon impatience.

Souvent je dirigeais mes pas sur le rivage, j'aimais ces vagues tranquilles qui venaient se jouer à mes pieds. Que cette immense nature me semblait belle à voir! Ce beau soleil étincelant, le murmure de la mer, et l'air doux et sensible qui me caressait le visage, transportaient ma pensée dans l'infini.

C'était surtout dans ces moments que je me sentais attiré vers des pays lointains ; voyager me semblait un bonheur suprême. Je contemplais les navires qui glissaient légèrement sur les eaux ; j'aurais voulu les suivre dans leur course aventureuse, puis involontairement la tristesse s'emparait de moi lorsqu'ils disparaissaient de ma vue.

Le jour de ce départ tant désiré arriva enfin. Je me vois encore ne pouvant parvenir à maîtriser mes sensations. Je riais et je pleurais en même temps en descendant la rue qui conduit au port où je devais m'embarquer. Oui, mon fils, étrange anomalie, je pleurais en disant adieu à mon père et à mes amis, cependant la joie remplissait mon cœur.

Nous montâmes dans le bâtiment que la manœuvre, pour les apprêts du départ, balançait doucement. Mes parents, restés sur le port, attendaient d'un œil inquiet cet instant solennel qui succède aux étreintes des derniers adieux. Notre navire partit bientôt poussé par une légère brise qui enflait les voiles, et aussi longtemps que ma vue pût distinguer mon pays natal et les êtres chers que j'y laissais, je ne la détachai point du rivage.

De temps en temps il me semblait apercevoir encore les signes d'encouragement qu'ils m'adressaient, en agitant les plis de leurs burnous blancs. Tout disparut enfin dans la brume de l'horizon, je ne vis plus qu'une lueur blanchâtre et que le scintillement des vagues qui s'agitaient au loin.

Le voilà donc à moi, me disais-je, cet océan immense! par ses doux balancements il semble me sourire. Nous sommes deux amis, car il est bien à moi et je suis bien à lui! Il me dévoile toutes ses beautés. Je puis d'ici contempler enfin les deux extrêmes de la création : ces eaux qui se cadencent si mollement et ce soleil si grand, si majestueux, suspendu dans l'espace, qui vient mêler à la mer ses brûlants rayons, et couronner ses vagues d'un diadème d'or et de rubis!

Ma faible raison pouvait d'un seul élan embrasser toute cette immensité, et la dirigeant ensuite vers Dieu qui a tout créé pour le suprême bonheur de l'homme, je le remerciai de m'avoir donné le pouvoir de sentir la grandeur et la beauté de ses œuvres.

Peu à peu, cependant, ma gaieté disparut; des mouvements précipités agitaient mon cœur ; un épais bandeau s'étendait sur ma vue, et mon esprit, qui s'élançait si fougueux dans l'espace, céda bientôt au pouvoir de la mer qui lui fit respecter ses décrets silencieux.

Lorsque le mal me quitta et que je pus soulever ma tête affaiblie, un grand changement s'offrit à mes yeux : les nuages s'amassaient, ils couraient avec rapidité et couvraient la nue. Le tonnerre grondait au loin ; le soleil se voilait, il me semblait plus petit : ses rayons étaient sans force, ils perçaient avec peine un obstacle qui les enlaçait de toutes parts, son orbite tout rouge paraissait teint de sang.

L'atmosphère s'assombrit de plus en plus : c'est le moment où les fils électriques vont enfin se heurter. Les nuages se rapprochaient du navire et semblaient vouloir l'entraîner dans leur course rapide. La mer elle-même grossissait sous l'action de la foudre, et ses vagues menaçaient à chaque instant de nous engloutir.

Les matelots, obéissant au sifflet du maître, cherchaient à dominer l'orage et diminuaient le plus possible tout ce qui pouvait faire obstacle à la tempête. Ils voulaient, par un noble courage, éviter ces deux écueils qu'on ne peut mesurer : les vagues furieuses et la foudre qui les soulève.

Horem était auprès du capitaine du navire et le secondait ; les passagers s'étaient mis aux pompes et obéissaient à ce digne chef dont l'énergie grandissait avec le danger.

C'est à ce moment que la mort m'apparut avec toutes ses rigueurs ; pas la moindre espérance qui soutient encore, à son chevet, le malade qui va mourir : c'était la mort avec toutes ses angoisses dans le noir abîme !

Au plus fort du danger j'élevai mes regards vers l'Eternité ! Il y eut un instant des plus horribles, la foudre avec éclat s'abattit sur le navire, et il sembla qu'il allait disparaître sous les flots en furie. Un moment d'anxiété terrible nous étreignit tous au bruit d'un craquement sourd qui partit du fond de notre vaisseau : c'en était fait, il allait s'entr'ouvrir !

Les nuages, d'un noir sombre, s'étaient illuminés, puis tout rentra soudain dans de profondes ténèbres.

On avait quitté les pompes, la manœuvre même, et par un mouvement spontané, sous l'action d'un danger si imminent, on s'était mis à adresser, à celui qui d'un souffle pouvait tout apaiser, une prière de miséricorde!

A travers l'obscurité, on voyait l'ombre d'Horem qui allait de l'un à l'autre pour nous consoler. Sa voix cherchait à dominer le bruit de la tempête, et de temps en temps elle arrivait très-distinctement jusqu'à nous.

Il nous parlait en arabe et avec un accent tout étrange : Songeons à Dieu, nous disait-il, et avant de mourir tâchons de nous rendre dignes de sa bonté infinie, en portant vers lui toutes nos pensées. Avant de nous quitter formons tous une chaîne; que nos âmes s'unissent pour monter plus belles; que l'un par l'autre nous soyons purifiés pour entrer au séjour de toute Éternité!

Puis la vague écumeuse arrivait jusqu'à nous et interceptait de temps en temps la voix d'Horem; mais il reprenait avec plus de force et cherchait à nous réunir dans un même amour fraternel, avant la dernière séparation!

Le navire, abandonné à lui-même, avait cédé et

fuyait devant la tempête; cette position désespérée durait depuis quelque temps, lorsqu'il nous parut que le vent n'était plus aussi furieux; les nuages couraient toujours aussi rapidement, mais des lueurs plus prononcées semblaient en vouloir percer la sombre obscurité. Le tonnerre grondait encore, mais à une distance plus éloignée de nous; enfin, mon fils, la tempête sembla céder à l'élan de nos vœux, dont la ferveur fut telle qu'ils ont dû attendrir celui à qui nous les avions adressés!

Tout reprit son calme ordinaire sous l'action puissante de l'équilibre, et à l'agitation des vagues près, qui n'en continuaient pas moins de venir déferler avec force sur notre bâtiment, nous pouvions nous considérer comme sauvés.

Horem m'avait cherché des yeux, et en m'embrassant il me témoigna son contentement sur la résignation toute religieuse que j'avais montrée pendant cette cruelle nuit d'orage. Vois, mon fils, ajouta-t-il, combien la croyance que je t'ai enseignée est sublime : dans les moments les plus critiques de la vie, l'homme véritablement pieux trouve des accents pour porter le calme dans les cœurs les plus accablés; crois-le, mon ami, une volonté forte, animée d'une foi vive, produit bien des convictions, accomplit de ces choses qui échappent à ceux qui ne se pénètrent pas assez de la beauté de leur organisation intellectuelle.

Si-Ben-Kassem s'arrêta ensuite et parut se recueillir dans le souvenir de ces faits. Puis il se leva, et malgré tout le désir que j'avais de connaître la suite du récit de sa vie, je compris qu'il était temps de nous remettre en route.

VI

SUITE DU RÉCIT

Le négro nous amena nos montures et nous continuâmes notre voyage. Si-Ben-Kassem appelait mon attention sur les sites agréables qui s'offraient à notre vue; de temps en temps nous nous croisions avec des voyageurs arabes ou européens qui se dirigeaient du côté d'Oran; cette route, quoique dépourvue d'habitation, était trèsfréquentée. Nous ne vîmes qu'une seule auberge tenue par un Espagnol.

Nous commencions à laisser un peu sur notre gauche la chaîne de montagnes qui forment la pointe d'Arzeu, lorsque nous aperçûmes au loin des bâtisses au pied de la montagne des Lions, sur le versant oriental : c'est le village de Sainte-Léonie.

Le paysage changea ensuite d'aspect, les grandes plaines se présentèrent de nouveau et la mer apparut à nos regards. Cette belle nappe bleue prenait du point où nous étions une proportion considérable, et un vent léger qui avait passé sur ses flots venait nous ranimer par son agréable fraîcheur.

La route descend ensuite rapidement et vous conduit au Vieil-Arzeu.

Il y a en cet endroit une auberge appartenant à un de ces hardis colons français, véritables éclaireurs de la civilisation, qui ne craignent pas de s'aventurer dans ce pays pour se créer un établissement.

L'Arabe les respecte, soit que leur audace lui plaise,

soit qu'il cède à leur ascendant; car chez ces aventuriers que nous ne saurions trop admirer, l'action est toujours le résultat d'une résolution ferme et bien arrêtée.

Nous fîmes rafraîchir nos montures; je profitai de ce moment de repos pour visiter cette petite localité.

La cour de l'auberge est ombragée par de grands arbres; un chemin rocailleux se trouve derrière cette habitation, il passe près d'une source abondante et conduit au sommet d'un escarpement sur lequel habitent quelques familles indigènes. Tout cet endroit est agréablement ombragé. Il fut jadis le centre d'une population nombreuse : des guerres intestines ont tout détruit.

La rade d'Arzeu se voit au loin; des navires se tenaient immobiles dans le port, d'autres en sortaient; de nombreuses petites barques de pêcheurs sillonnaient la mer dans tous les sens ou semblaient se laisser bercer par les flots; de l'animation régnait dans cette rade, une des plus sûre de notre possession d'Afrique, et la ville française qu'on y a créée prend déjà du développement.

Les constructions de cette ville naissante se détachaient sur le fond vert des plaines qui se voyaient au second plan; un soleil rutilant colorait les objets saillants, sa lumière scintillait et paraissait se multiplier par quelques phénomènes d'effusion de ses rayons répandus dans l'espace.

Le négro vint me chercher, et nous prîmes nos dispositions pour nous remettre en route.

Si-Ben-Kassem visita le harnachement de nos chevaux si fringants et si soumis en même temps; ils n'étaient nullement fatigués et promettaient de nous mener rapidement si tel était notre désir.

Mon vieil ami fut bientôt en selle avec une vigueur qui n'était plus de son âge, je fis comme lui, et son jeune serviteur ferma la marche avec tout son attirail.

— Ce pays peut rendre de grands services, me dit Si-Ben Kassem en me montrant la vue d'Arzeu; il y a dans les environs plusieurs mines de sel, et ce produit est une ressource précieuse pour les cultivateurs.

— Comment l'entends-tu?

— Le sel bonnifie toutes les plantes, depuis les plus

infimes jusqu'aux plus recherchées. Il peut les régénérer, c'est une de ses principales qualités. Les Arabes connaissent bien tout le parti qu'on en peut tirer, ils savent l'employer à l'occasion. Lorsqu'ils s'aperçoivent qu'un arbre languit, que ses fruits n'ont plus la même saveur, car c'est là un indice pour eux, ils s'empressent de fouiller la terre à son pied et d'y répandre du sel ; par ce moyen ils redonnent de la vigueur à l'arbre qui semblait devoir succomber sous l'action d'un mal caché.

Par une cause ignorée des hommes, mais qui se produit lorsqu'ils n'étudient pas assez les procédés qu'ils emploient, les parcelles de la terre perdent une certaine force et la végétation en souffre ; mais le sel, en assainissant ces mêmes parcelles, leur reconstitue leurs précieuses qualités. Les plantes croissent alors en force et elles peuvent se laisser de nouveau pénétrer par le fluide générateur. Il chasse tous ces immondes parasites qui sont toujours prêts à se produire et à envahir les plantes si l'on s'écarte, ainsi que je te l'ai dit, des vrais moyens de cultiver la terre. Sa culture est un art qu'il ne faut pas négliger d'apprendre.

Nous descendions dans ce moment un petit ravin, et

Si-Ben-Kassem me fit signe de regarder devant moi. Je vis un chacal qui traversait tranquillement le chemin à une vingtaine de pas de nous.

— Je croyais ces animaux un peu plus timides, dis-je à mon vieil ami.

— Ils redoutent cependant l'homme, seulement lorsque le soir est venu ils vous ennuient de leurs cris.

— Les entendrons-nous cette nuit?

— Certainement, et c'est une musique qui t'empêchera probablement de reposer.

Le pays que nous parcourions présente beaucoup de variété, nous ne nous lassions pas de l'examiner. Quelquefois nous étions au sommet d'un ravin; la route, d'un côté, se trouve être la lisière de la plaine, et de l'autre, elle forme la crête d'un versant profond. Le terrain descend d'abord doucement; dans ces parties il est boisé d'essences d'arbres diverses; on y voit de grands bosquets de myrtes sauvages qui répandent une odeur agréable. Entre ces bosquets se trouvent des clairières où pousse une herbe touffue et odoriférante; de petits sentiers sont ménagés le long de ces clairières et vous engagent à les parcourir; puis l'inclinaison du sol se prononce un peu plus et finit par devenir une pente raide jusqu'au fond.

Dans quelques endroits la route côtoie des parties boisées et l'on marche dans l'ombre, vous dépassez ensuite ces abris si attrayants pour fouler un sol nu qui vous expose à toute l'ardeur du soleil. Pour me garantir de ses rayons, j'ai rabattu le capuchon de mon petit caban de laine blanche : il couvre entièrement ma tête.

Si-Ben-Kassem et le négro ont chacun un grand chapeau à larges bords et à pointe conique, tressés en filaments de palmiers; quant à nos chevaux de pure race arabe, il semble que le soleil leur communique une ardeur nouvelle, et c'est avec peine que nous maîtrisons leurs élans, leurs soubresauts renouvelés.

Nous étions arrivés au sommet d'une colline qui nous permit de revoir la mer. J'apercevais sur le rivage une multitude de points blancs qui remuaient constamment un peu au-dessus de la plage, et qui prenaient quelquefois, en tournoyant, la direction du ciel.

— Qu'est-ce que cela? demandai-je à Si-Ben-Kassem.

— Ce sont des oies sauvages.

— Mais il y en a par milliers.

— Oui, leurs nids sont placés dans les rochers qui longent cette côte et que tu vois d'ici.

— Peut-on les chasser?

— Rien ne s'y oppose, seulement ce n'est pas dans les habitudes de l'Arabe : il respecte ces animaux.

— Quel est donc cet endroit triste que je vois tout-à-coup devant moi, ces monticules en mamelons tout ramassés, ces grandes herbes, ce cours d'eau tout sinueux qui se perd dans ces grands roseaux?

— C'est la Macta, me répondit mon vieil ami; c'est ici que nous allons passer la nuit.

Le négro se mit immédiatement à l'œuvre, et aidé par nous il eut bientôt dressé la tente tout près de la petite rivière, sur une belle pelouse.

Pendant qu'il s'occupait d'arranger notre campement, je pris mon fusil, et, accompagné de Si-Ben-Kassem, je me mis à explorer les environs. Un pont de bois vous fait traverser la rivière de la Macta ; en suivant la chaussée qui contourne un de ces mamelons peu élevés que j'avais remarqués à notre arrivée, nous fûmes bientôt sur la hauteur.

Du point où nous étions nous découvrions toute cette contrée dont l'aspect est un peu monotone ; mais derrière nous, dans la direction de la route qui conduit à Mostaganem, j'apercevais des touffes d'arbres et de jeunes arbustes ; ce contraste diminuait sensiblement ce qu'a de sévère tout l'entonnoir formé par les monticules, et dont l'ensemble constitue ce qu'on appelle les marais de la Macta.

— Ces marais, me dit Si-Ben-Kassem, sont pernicieux par leurs exhalaisons pendant la saison des chaleurs ; mais il serait facile d'assainir cette partie de la côte en pratiquant des tranchées pour faire écouler les eaux.

Le travail le plus important serait de dégager l'embouchure de la rivière ; je l'ai explorée et j'y ai vu un banc de rochers qui se trouve précisément en travers ;

en creusant on y remédierait facilement. Par les travaux que je viens de t'indiquer, on pourrait rendre à cet endroit son ancienne fertilité.

— Ces marais n'ont donc pas toujours existé, d'après ce que tu me dis?

— Non, nos traditions nous apprennent que les peuples primitifs qui habitaient cette partie du littoral ont été repoussés dans l'intérieur des terres par d'anciens conquérants venus du nord de votre Europe.

En cet endroit, que tu vois, il y avait une ville. Les habitants avaient creusé des réservoirs dans la partie la plus basse de ce terrain pour recueillir les eaux afin de les diriger en irrigations. La guerre ayant dispersé cette population, et les travaux entrepris par elle n'étant plus entretenus, cette contrée est devenue marécageuse.

Les bords des réservoirs ont commencé par se dégrader, le soleil les a calcinés; puis, à la suite des temps, cette dégradation a pris des proportions immenses.

— Es-tu sûr de l'authenticité de cette tradition ?

— J'en suis convaincu, et la preuve se fera facilement. En faisant des fouilles on trouvera des vestiges de l'ancienne ville et des inscriptions de la plus haute antiquité.

— C'est intéressant ce que tu me dis !

— Aujourd'hui la Macta est un vilain endroit que l'on ne pourrait habiter sans danger; il est de toute nécessité de l'assainir, sans cela la fièvre sévira cruellement dans les villes et les villages environnants : les miasmes qui s'échappent de ces marais sont portés par les vents et empoisonnent les hommes.

Le meilleur moyen serait de dessécher et de chercher à remplir le creux en aplanissant toutes ces petites collines qui les entourent : on ménagerait le cours de la rivière, et ces lieux deviendraient d'une fertilité surprenante.

— Beaucoup de monde périrait à ce travail !

— Pas autant que tu pourrais le supposer, car avec certaines précautions on peut garantir les travailleurs.

— Quelles seraient ces précautions ?

— Elles consisteraient à combiner les ateliers avec la direction de la brise : ce moyen préserverait les travailleurs des émanations que les premiers travaux produiraient nécessairement. La brigade du matin alternerait avec celle du soir. Une nourriture substantielle donnerait aux travailleurs l'énergie nécessaire, et leurs tentes placées dans le revers du terrain que tu aperçois d'ici où sont tous ces arbres, compléteraient les mesures indispensables pour une semblable entreprise.

Je remerciai Si-Ben-Kassem de ces renseignements.

Le jour commençait à faiblir : nous regagnâmes notre bivouac.

Le négro avait allumé un bon feu avec des branches d'arbres qu'il avait coupées dans les environs. Il avait enfilé avec un petit morceau de bois deux perdrix de ma chasse du matin; elles étaient posées devant le feu sur deux pierres, et rôtissaient parfaitement. Le café se préparait tout à côté.

Si-Ben-Kassem se fit apporter un tapis sur lequel il s'assit; il prit du tabac et chargea sa pipe faite avec la racine d'une de ces plantes grasses qui prennent ici les proportions des grands végétaux. Elle était toute marquetée de fils de cuivre et parsemée de quelques morceaux de corail.

Ce genre de pipe ne se fabrique qu'à Mostaganem : c'est une des spécialités de cette charmante petite ville.

Je me plaçai sur une pierre que j'empruntai à la chaussée, et je me mis aussi à fumer avant notre repas.

La nuit arriva subitement, tempérée toutefois par un beau clair de lune que des nuages obscurcissaient de temps en temps.

Dans les intervalles de ces éclaircies dans le ciel, nous voyions au-dessus de nos têtes une quantité de canards sauvages qui retournaient à leur gîte, au milieu des marais ; ils venaient tous du côté de la mer.

Je pris mon fusil et j'ajustai à tout hasard au moment même où plusieurs d'entre eux, plus rapprochés de moi, passaient en zigzag pour tâcher de m'éviter. Je fis feu, et à quelques pas de l'endroit où j'étais, j'en vis tomber deux. Je courus les ramasser et je revins tout joyeux auprès de Si-Ben-Kassem.

Je remis le produit de cette chasse nocturne au négro, et lui recommandai d'en avoir soin.

On commença les apprêts de notre souper, il était en tout semblable au déjeûner que nous avions fait au pied de la montagne des Lions, avec l'addition de mes deux perdrix.

Je fis honneur à ce repas, car une des principales propriétés de l'air vif que l'on respire dans ce pays, c'est de vous donner de l'appétit.

Le négro nous avait réservé une surprise, c'était une espèce de *bouille-abaisse* faite avec d'excellentes anguilles pêchées dans la rivière de la Macta; ce mets avait été préparé par des Napolitains qui ont pris pour demeure le dessous du pont. Ils sont quatre : un homme d'une cinquantaine d'années à peu près, un jeune homme de vingt ans environ, et deux enfants de dix à douze ans.

Ils se sont retranchés sous le pont au moyen de planches et d'un grand tapis qu'ils ont suspendu du côté de la mer pour les garantir du vent froid qui vient du rivage. Tout l'attirail de la pêche, filets, barques, ils ont cela, et ils vendent leurs poissons aux voyageurs européens et arabes qui passent à la Macta.

J'allai visiter ces braves gens après notre souper. Leur bonne mine et leur satisfaction me fit voir que le bonheur de l'homme consiste en bien des façons. Le produit de leur pêche est assez lucratif et ils y trouvent de quoi subsister. C'est par eux que j'appris qu'ils étaient de Naples.

Je retournai à notre campement. Si-Ben-Kassem se tenait près du feu; le négro s'était couché en travers de l'entrée de notre tente avec une espingole chargée à balles pour être prêt à tout événement. J'examinai cette arme, et son antiquité me fit penser qu'elle a pu appartenir aux Espagnols pendant qu'ils étaient les maîtres d'Oran, puis je me plaçai près de mon vieil ami.

Un campement a quelque chose d'extraordinaire dans ce pays. A la Macta surtout, où le bruissement des roseaux vous fait entendre des sons plaintifs; où la rivière qui contourne votre bivouac ajoute elle-même à la rêverie contemplative par les ondulations de ses petites vagues, à la surface desquelles se reflète la pâle clarté de la lune.

Vous voyez passer dans le rayon de lumière que projète le foyer qui vous réchauffe, des Arabes isolés ou par groupes qui viennent également camper en cet endroit. Ils se placent non loin de vous, et après avoir pris leurs dispositions pour la nuit, ils vous demandent un tison ardent pour allumer d'autres feux, et en se retirant ils vous disent : Dieu est grand, que sa bénédiction t'accompagne!

Les cris de la hyène et des chacals que l'on entend au loin vous engagent à la prudence, et l'émotion que vous ressentez s'ajoute à l'étrangeté de votre position.

Le danger n'existe pas, vous êtes en nombre, vous avez des armes, un grand feu éclaire le terrain d'alentour; mais quelque chose d'indéfinissable se passe en vous. Ces cris étranges vous émeuvent, un fugitif instinct de la conservation s'éveille; on tâte ses moyens de défense, on se rassure, et les plaintes nocturnes de ces animaux sauvages deviennent bientôt une des phases poétiques de tout campement en Afrique.

Pour faire diversion à mes sensations, je priai Si-Ben-Kassem d'achever le récit de ses aventures. Le moment était des plus favorable; seuls, à côté l'un de l'autre, auprès d'un bon feu, et notre léger café dont nous humions de temps en temps l'engageant arôme, tout nous disposait à la causerie.

Si-Ben-Kassem s'y prêta volontiers, nous rechargeâmes nos pipes, et il reprit en ces termes :

Notre vaisseau avait été poussé vers les côtes de l'Egypte. Horem sut mettre à profit cette circonstance, il voulut me faire remonter jusqu'aux sources du grand fleuve, qu'on nomme le Nil. Tu ne saurais croire, mon fils, combien je fus heureux de visiter ces lieux dont l'antique célébrité excite sans cesse l'étonnement !

— En effet, tu as dû éprouver un grand plaisir en voyant ces endroits justement célèbres. Quelle fut la sensation que tu as ressentie en arrivant vers les sources du fleuve ?

— Il y a bien des années d'écoulées depuis ce moment, et cependant il est présent à ma mémoire comme si j'y étais encore. En remontant le Nil, on arrive dans une partie de terrain très-accidenté et à des cours d'eau considérables avec lesquels il se croise. On voit alors une chaîne de montagnes qui se déroule à la vue ;

ce sont des blocs immenses qui s'étendent dans l'infini, et où l'imagination de l'homme se trouve entraînée par cette grandeur qui l'étonne et l'agite.

Peu à peu, en s'en approchant, les pensées deviennent plus calmes; il semble que l'on sent cette puissance suprême dont la grandeur surprend mais ne peut abattre. On l'admire en silence; l'âme tout entière se développe ; une sensibilité involontaire mouille votre œil et une larme s'en échappe.

Telle est la sensation que j'ai ressentie lorsque, parvenu au faîte de ces montagnes, je me suis cru perdu dans l'espace, en jetant un dernier et timide regard dans les profondeurs de ces abîmes!

— Et les sources? dis-je à Si-Ben-Kassem.

— On ignorera probablement toujours où elles sont. On les suppose dans le sein de ces montagnes. Horem me confirma, ce que je savais déjà, les mesures sages qui furent prises par les anciens rois d'Egypte pour défendre la recherche de ces sources.

Il importait peu à ces législateurs prévoyants d'où

sortait le Nil ; l'essentiel pour eux était qu'il revînt chaque année par ses inondations bienfaisantes féconder le sol.

— Etes-vous restés long-temps en Egypte.

— Le temps nécessaire pour voir et me familiariser un peu. Je ne te parlerai pas des endroits où nous avons successivement séjourné. Tu connais l'histoire.

— Elle n'apprécie pas toujours, lui dis-je, sous leur vrai jour, les hommes célèbres qui ont marqué dans leur temps. Les savants de tous les pays sont venus s'inspirer, dit-on, dans le collége des prêtres de l'antique Egypte ; crois-tu que cette terre fut réellement le berceau des connaissances humaines ?

— Les avis se partagent ; les uns le pensent ainsi, et d'autres en attribuent toute la gloire à l'Inde.

Et toi, Si-Ben-Kassem, quel est ton sentiment sur cette tradition ?

— J'ai lieu de croire qu'il y a quelque vraisemblance dans ces deux hypothèses. L'Inde fut le berceau de la croyance religieuse des hommes; l'Egypte fut le point de départ sérieux des connaissances diverses qui ont tant influé sur la marche de l'esprit humain.

Dans l'un comme dans l'autre cas, c'était le travail de l'enfantement. Les idées qui tourmentaient les hommes d'alors n'avaient pas cette suite qui est nécessaire pour donner de la force au jugement; cette belle clarté qui guide les peuples civilisés modernes sommeillait encore. A côté de l'esprit philosophique qui cherchait à sonder une nature mystérieuse dans ses effets visibles, l'humble artisan, le peuple de ce temps, s'égarait dans des croyances superstitieuses. Je suis loin de les blâmer; il y avait chez les hommes un désir religieux d'honorer l'Etre des êtres; ils se sont trompés sur le moyen de le faire convenablement, et il ne pouvait en être autrement, car le temps n'était pas venu.

— C'est à l'Egypte que revient alors le soin d'avoir élaboré les éléments des sciences?

— Non-seulement le soin d'avoir préparé à leurs connaissances, mais elles y ont pris un développement plus considérable qu'on n'est généralement disposé à l'admettre.

— Peux-tu me donner quelque preuve de cela?

— Les preuves, selon notre manière de voir, sont toujours difficiles à donner. Toutefois, nous pouvons sans hésiter croire à l'influence de l'Egypte sur l'ancienne Grèce.

— Que penses-tu de Pythagore, de Socrate et surtout de Platon, lequel, d'après quelques penseurs sérieux, fut le précurseur de la morale chrétienne? Penses-tu qu'ils se soient affranchis des erreurs de leur époque pour n'admettre que le seul et vrai Dieu?

— Ce furent des hommes sages, plus avancés que les autres savants qui vivaient de leur temps; mais ils n'ont pas connu Dieu. S'ils l'avaient connu ou s'ils en avaient eu le moindre indice, ils n'auraient pas été superstitieux. Ils avaient des arrière-pensées; ils comprenaient que leurs idées, dans le système religieux qu'ils enseignaient, n'étaient point complètes; ils n'avaient pas ce qu'on appelle une bonne base. Platon le sentit si bien qu'il fut toujours sombre et souvent indécis avec ses disciples. Il cherchait après la vérité, il ne la trouvait jamais dans ses arguments. Aussi les Ecoles dont ils furent les fondateurs, quoiqu'elles décrivissent finement, mêlèrent-elles des erreurs à des principes de saine philosophie.

— Continue, je te prie, le récit de ton voyage.

— Je disais donc que tu connaissais l'histoire, et dans ce récit je ne veux seulement que te faire part de mes impressions. D'ailleurs, les mœurs des habitants de l'Egypte ont un grand rapport avec celles de celui-ci.

Horem avait adopté un costume semblable au mien, et la frugalité de mon ami nous rendait bien faciles nos explorations. Le café, du tabac, des galettes d'orge et quelques dates suffisaient à nos besoins. Nos repas n'ont jamais été plus somptueux que celui que nous venons de faire. Mon père m'avait donné un jeune nègre pour nous servir, et c'est lui qui était chargé de la préparation de notre nourriture. Lorsque nous étions arrêtés pour contempler quelques sites qui nous plaisaient, notre serviteur, de son côté, trouvait presque toujours à ajouter à nos provisions une petite pièce de gibier qu'il prenait quelquefois à la course. Nos campements étaient bientôt établis avec nos burnous de laine sous un beau climat.

Ces moments que j'ai passés ainsi furent pour moi des instants délicieux. Horem ne sortira jamais de mon souvenir, il était l'âme de nos entretiens, et si tu savais avec quelle érudition il m'expliquait ce que j'ignorais encore!

— C'est donc lui qui t'a donné toutes ces belles notions sur l'histoire naturelle.

— Oui, mon fils, et si elles ont revêtu dans mon esprit une forme qu'elles tiennent de mon sentiment personnel, elles ne se sont pas écartées beaucoup de sa manière de voir, la modification n'est pas assez sensible pour que je ne puisse avouer qu'elles sont tout entières de lui.

— Je t'ai quelquefois entendu exprimer ton opinion sur l'influence de l'électricité, et je crois que tu lui attribues une action très-étendue.

— Oui, mon fils, c'est une force terrestre.

— Cela est vrai; mais n'est-elle pas soumise à d'autres agents?

— Non, elle est le principe unique sous mille formes; elle est l'âme de la terre; c'est elle qui anime tous les corps, et elle se modifie en raison des objets qu'elle traverse ou pénètre : penser autrement, c'est reconnaître la vie entière sans en avoir le flambeau.

— Ce que tu me dis est bien et a un caractère de

grandeur qu'on ne peut contester, suivant toi ; alors l'électricité joue donc le rôle que quelques savants lui attribuent ?

— J'ignore ce qu'ils en pensent ; mais l'électricité est la force dont Dieu a animé tous les corps. Le soleil en est un amas, la terre en recèle un autre placé à son centre et qui tient tout en fusion. Pour accomplir la mission qu'elle tient de Dieu, il s'en échappe constamment pour traverser les différentes couches terrestres où elle donne la vie ; la dernière, c'est la végétation.

Le germe des plantes s'anime et reçoit le principe de vie de l'électricité qui vient du centre de la terre. Elle pénètre le grain, le transforme, le pousse hors de terre et contribue au développement de la forme. C'est toujours l'électricité qui filtre à travers les fibres ligneuses des arbres, active la floraison, développe le fruit, et quand il est à maturité, seulement alors, car sa mission est accomplie, elle s'échappe en partie pour aller se mêler à l'atmosphère.

L'électricité qui sort de la terre est constamment en communication avec celle de l'astre qui nous éclaire, vivifiant toutes choses par l'échange continuel qui s'opère ; car le soleil redonne à la terre une quantité égale à celle qu'il en reçoit. Tout se modifie donc et croît, tout révèle un travail admirable sous le feu régénérateur de l'électricité.

— Et quand cette action ne se fait plus sentir, qu'arrive-t-il ?

— Oh ! alors c'est la cessation de toute végétation. La vie s'est retirée de ces tendres fleurs, l'action salutaire des brises légères ne les rafraîchit plus, leurs parfums cessent d'embaumer l'air. C'est l'anéantissement des corps qui n'en sont plus pénétrés, c'est enfin la modification de la forme.

La pierre, quand elle est extraite de la carrière, ne prend plus d'amendement, elle est retirée de la vie qui la traversait, elle n'a plus qu'une tendance : c'est de se désunir sous la marche lente du temps.

— En écoutant Si-Ben-Kassem dans son appréciation de l'électricité, j'éprouvais un vif sentiment de curiosité. Depuis longtemps j'avais admis son action puissante, mais je ne croyais pas qu'il fût possible de l'étendre autant. Je priai mon vieil ami de développer toute son opinion sur cet intéressant sujet.

— Puisque tu le désires, mon fils, je vais continuer et te dire ce qu'en pensait mon cher maître.

Tous les germes sont dans la nature, et l'électricité, en les pénétrant, commence par former les plus petites parties, puis en les traversant sans cesse les fait augmenter en rapport de ce qu'elles sont. Voilà l'origine de l'entretien permanent de ce qui constitue l'enveloppe de la terre, de ce qui s'amende dans son sein, de ce qui croît et de ce qui vit à sa surface.

L'électricité qui est renfermée dans le centre de la terre, qu'il appelait le réservoir commun, est sans cesse attirée vers le soleil; c'est lui qui la fait monter et descendre au gré de sa puissance, et lorsqu'il l'attire en trop grande quantité, l'équilibre de l'air en est un instant troublé. Nos organes alors éprouvent une lourdeur inaccoutumée : c'est le commencement de l'orage. Le fluide, en redescendant, se mêle aux nuages que l'on voit courir sombres et menaçants; il les agite, puis, quand il cherche à se dégager, au moindre frottement il apparaît en éclairs. C'est la force électrique qui se trouve amassée, et sa présence s'annonce par le grondement de son tonnerre : on frissonne malgré soi à l'approche de ce danger.

L'électricité sillonne la nue pour se replonger dans le sein de la terre; c'est la foudre qui apparaît à nos yeux, et qui laisse quelquefois sur son passage des formations instantanées puisées dans les éléments de l'air, sous la forme de souffre, de pierre ou de feu.

Les tremblements de terre sont eux-mêmes produits par les mêmes causes; c'est un orage aussi qui se forme et s'amasse; c'est l'électricité qui chasse une infinité de gaz réunis sur un point et qui lui faisaient obstacle. Alors un bruit sourd se fait entendre; la terre tremble sous nos pieds; elle semble nous dire qu'elle ne peut résister à cette force qui l'agite. Des crevasses se font peu à peu, puis l'endroit menacé tourne sur lui-même et entraîne dans ses convulsions tout ce qui existait à sa surface.

Vois les cratères des volcans. Pendant qu'ils sommeillent, ils donnent constamment passage à des gaz que l'atmosphère s'approprie : c'est le temps de leur repos; mais lorsque par l'effet d'une trop grande quantité de ces gaz l'électricité vient à les disperser trop fortement, oh! alors, ce qui se passe est terrible et majestueux en même temps.

Je ne terminerai pas ce sujet, mon fils, sans te parler de l'homme, qui est aussi une végétation. Le fluide universel le pénètre également; mais modifié dans ce qu'il a de plus pur, c'est ce qui l'anime et contribue à lui donner ses sensations. Le cerveau attire les fluides corporels ainsi que je te l'ai dit, ils s'y traduisent en pensées au généreux contact de l'électricité.

Les pensées de l'homme sont ses fruits à lui comme les parfums sont la pensée des fleurs, comme les fruits sont la pensée des arbres. Tu le vois, le principe est unique et conforme aux solutions de la véritable sagesse.

Dieu a mis le comble à sa prévoyance infinie en voulant que l'homme commandât à la nature entière; c'est pourquoi il l'a doué de ce qu'il y a de plus parfait en elle, de l'essence de cette force électrique, le moteur universel, afin que son ascendant fût irrésistible. Aussi, lorsque l'homme est pénétré de la puissance de sa volonté, tout ce qui procède de la terre peut lui être soumis.

Si-Ben-Kassem s'arrêta pour se reposer quelques instants, et pendant que je lui versais du café, je repassais toute sa définition de l'électricité. Et toi, cher ami, que t'en semble? Ce doute qui nous tourmentait quelquefois dans nos causeries ne doit-il pas disparaître?

VII

FIN DU RÉCIT

Je désirais connaître ce qu'était devenu Horem, et j'étais fier de savoir qu'il était mon compatriote. Ceci m'explique pourquoi Si-Ben-Kassem aime la France. Le souvenir de son ami et la reconnaissance entrent pour beaucoup dans cette affection.

Je lui demandai quel fut le pays qu'il visita en quittant l'Egypte.

— Nous étions embarrassés du choix : Horem voulait me conduire à Constantinople en passant par la Syrie ; mais le voyage eût été trop pénible. Je désirais aller en Arabie où j'aurais vu la Mecque et Médine par curiosité historique.

Nous étions revenus à Alexandrie depuis quelque temps, et un jour que nous nous promenions sur le port, nous rencontrâmes un patron de navire espagnol que j'avais connu à Oran. J'appris par lui qu'il partait le lendemain pour Jaffa et qu'il organiserait une petite caravane pour Jérusalem. Horem me proposa de profiter de cette occasion. Après l'Egypte, me dit-il, par les souvenirs historiques qu'on y recueille, je crois qu'on ne peut mieux compléter ce retour vers les temps passés, qui ont marqué par leur célébrité dans la mémoire des hommes, qu'en visitant cette ville si justement remarquable.

J'y consentis avec le plus vif empressement. Notre voyage fut heureux et il m'a laissé un souvenir ineffaçable.

— En effet, lui dis-je, toi qui étais initié à notre croyance, tu as dû éprouver une bien grande satisfaction en explorant ces lieux où fut prêché notre Evangile sublime.

— Oui, mon fils, et là, plus qu'en tout autre lieu, j'ai compris combien était grand l'aveuglement des hommes qui ont nié la divine mission de Jésus.

Que sont devenus leurs ouvrages ; qui se les rappelle sérieusement ? tandis que les paroles si simples du Christ ne s'effaceront jamais. Car, tu le vois, dix-huit siècles se sont écoulés depuis que Jésus a passé sur la terre, et l'amour immense qu'il avait dans le cœur éclaire encore l'humanité ; il est l'étincelle qui jaillit à des temps voulus, il est la rosée qui se répand toujours sur nous. Oui, il a souffert sur la terre plus que jamais aucun être n'a souffert. Il sentait si bien la partie divine qui était en lui, qu'il aurait voulu que tous les hommes pussent comprendre les grandes vérités qu'il enseignait. Il souffrait comme homme des souffrances présentes de l'humanité.

Il a dit peu de choses dans le cours de sa vie ; toutes ses paroles peuvent se résumer par ces mots d'une simplicité sublime : Aimez-vous les uns les autres et pensez à mon père! Ses dernières paroles ont été : Je retourne à mon père qui m'a créé. En effet, il avait pendant le temps de sa vie fait aux hommes le sacrifice entier de son humanité; aussi à sa mort l'Esprit qui l'animait s'est non-seulement rapproché de l'Eternel, mais il s'est mêlé à sa divine essence.

Cette évocation de Si-Ben-Kassem reporta mon imagination au temps de ces grands événements. Je crus apercevoir une larme dans ses yeux, une sensation exquise remuait tout son être.

Je subissais cette émotion muette, et elle se traduisait par un silence rêveur qui empruntait aux lieux déserts de la Macta, que notre campement animait accidentellement, des idées jusqu'alors inconnues pour moi.

Ma sensibilité nerveuse se trouvait surexcitée par le pouvoir rayonnant que toute émotion de l'âme produit. Le fluide mystérieux qui en est la conséquence m'avait saisi au cœur et j'étais entièrement sous le charme.

C'est que la conviction de Si-Ben-Kassem est tellement profonde, qu'elle a tout le caractère de la passion, mais tempérée dans ce qu'elle a de plus beau, de plus sublime, sans aucune exagération : sa philosophie est si douce ! Les religions sont sœurs, ajouta-t-il encore, et un jour viendra que le Christ les symbolisera ! Il se recueillit un instant, puis il continua ainsi :

Nous parcourûmes toute la Palestine. Horem prenait partout des notes dont il enrichissait son vaste répertoire. Nous séjournions quelque temps dans chaque localité ; il se mettait en rapport avec les gens instruits du pays, et puisait toujours auprès d'eux quelques bonnes choses qu'il classait avec soin.

Deux années s'étaient écoulées depuis que j'avais quitté Oran, lorsque je reçus une lettre de ma famille, qui me prévenait que mon père venait de tomber dangereusement malade, et qu'il désirait ardemment me voir avant de mourir. Nous partîmes, et j'eus le bonheur d'arriver assez tôt pour le revoir encore.

Horem lui renouvela l'assurance qu'il resterait toujours avec moi : cette promesse contribua beaucoup à adoucir ses derniers instants.

Avant de nous quitter pour toujours il désira me voir

marié avec une de mes parentes, bonne et douce créature, la fille de son frère, qui était restée orpheline fort jeune, et avait été élevée dans ma famille. J'acquiesçai à son désir immédiatement.

Après la mort de mon père, devenu maître de ma personne et de ma fortune, je me livrai entièrement à mon goût pour l'étude, et je fus bientôt en état d'aider Horem dans la mise en ordre de ses notes qui embrassaient toutes les sciences.

La botanique me plaisait à étudier pour les secours qu'elle nous donne dans nos maladies. Horem me faisait remarquer qu'on avait mis un grand soin à classer les plantes en général avant de s'occuper de leurs principes bienfaisants. On en connaît beaucoup de salutaires, me disait-il, mais combien il en reste encore d'ignorées et que mes voyages m'ont révélées. Chaque plante a une efficacité qui lui est propre, et cette action se produit selon son caractère : si elle est sèche, si elle est humide, si elle annonce la force, toutes choses à noter et qui trouvent leur application pour soulager notre pauvre humanité.

J'avais restitué à Horem le manuscrit auquel il tenait

tant. De nombreux feuillets blancs restaient encore à remplir, et il transcrivait dessus ce qu'il avait recueilli pendant notre voyage.

Ce n'est qu'à cette époque qu'il commença à m'initier, c'est ainsi qu'il appelait l'instruction toute particulière que cet étrange recueil me donnait.

Après une lecture attentive, mes idées semblaient se concentrer sur le sujet qui y était traité, et avec une action si puissante, qu'un fait de compréhension bien remarquable se passait en moi. Mes facultés intellectuelles prenaient une telle force que, sous l'influence de la pensée directrice de mon cher maître, je m'appropriais ce sujet aussi abstrait qu'il pût être. Il semblait qu'un bandeau disparaissait de mes yeux; une clarté brillait dans mon cerveau; mes idées devenaient alors plus nettes, et d'une telle précision, que c'était, si tu le veux, la lucidité poussée à sa dernière limite. Alors, Horem me questionnait, je répondais avec mesure et sagesse. Je comprenais immédiatement tout ce qu'Horem m'expliquait, et je ne sais si à toi-même cela ne t'est pas arrivé quelquefois de surprendre chez un autre une de tes pensées; mais quant à moi, cette particularité était permanente; j'allais au-devant de celles de mon cher maître; je savais ce qu'il voulait me dire avant même qu'il ne m'eût parlé.

Dans les premiers temps, je trouvais cela étrange, mais Horem m'en expliqua parfaitement la cause.

Notre imagination se trouble ou se calme selon que nous y contribuons nous-mêmes. C'est un miroir; les images qu'il reproduit grandissent ou diminuent, deviennent riantes ou revêtent les teintes les plus sombres, et cela à notre volonté. Cette faculté, qui est si belle quand elle agit dans certaines mesures d'ordre, s'assombrit peu à peu lorsque rien ne la dirige : elle devient alors le jouet de nos pensées les plus bizarres. C'est cette mobilité qu'il s'agit de contenir pour en tirer toutes les beautés.

Selon Horem, dont l'expérience était grande, ce résultat s'obtient toujours avec une ferme volonté. Nos actions traduisent nos pensées; c'est donc par elles qu'il faut commencer. Ne dit-on pas, en parlant d'une personne instruite : Son imagination est vive, puissante, c'est-à-dire, mon fils, que les fils conducteurs qui relient tout son être à son cerveau ont pris l'élasticité convenable, et rendent plus sensibles les perceptions sans nombre dont l'organisation de l'homme est douée. C'est donc vers cette belle faculté qu'il faut porter toute son attention, et c'est un des beaux passages qu'Horem a consigné dans son manuscrit.

— Tu devrais bien, dis-je à Si-Ben-Kassem, me dire toute ta pensée sur ce sujet ; mais l'homme peut donc tout savoir ?

— C'est selon comme tu l'entends ; l'homme peut connaître tout ce qui se rattache à la nature puisqu'il en est une partie intégrante et qu'il en subit les lois générales. L'esprit de la terre qui l'anime, étant l'essence de tout ce qu'il y a de plus parfait en elle, c'est donc la sensation par excellence. S'il a la faculté de la faire développer, il peut connaître tout ce qui a été créé pour lui.

Mais pour la connaissance absolue, non, mon fils, l'intelligence de l'homme a ses limites, et c'est par là que se manifeste la sagesse de Dieu !

— Tu ne saurais croire combien tu m'intéresses en me parlant de ce que contient ce manuscrit et que tu devrais bien me montrer.

— Ceci n'est qu'une des mille choses qu'il traite.

— Et les autres offrent donc le même intérêt?

— Les autres présentent le même attrait.

— Décidément, Si-Ben-Kassem, il faut que tu me le confies aussitôt notre retour à Oran.

— Je te l'ai dit, pas encore. Un jour je t'initierai.

— Je me résigne, quand tu voudras.

— Les années, reprit Si-Ben-Kassem, se passèrent dans l'étude et dans les relations les plus intimes; ma vie s'écoulait sans trouble, je goûtais le véritable bonheur; mais, mon fils, tout a un terme ici-bas, et il faut toujours être prêt à opposer le peu de sagesse que nous avons pu acquérir, aux tristes événements qui viennent nous éprouver. Je veux te parler de l'époque la plus pénible de ma vie, celle où je perdis mon ami!

Le 9 du mois d'août 1830, jamais cette date ne sortira de ma mémoire, nous descendions ensemble la colline qui est située un peu plus loin que le Marabout du Santon, et nous dirigions nos pas vers les ruines que tu as souvent remarquées dans le sentier tournant.

J'examinais en silence la tête blanchie de mon ami, je voyais que quelque chose d'extraordinaire se passait en lui. Il se soutenait à peine, ses traits s'altéraient sensiblement et il paraissait accablé de fatigue.

En cet instant, le ciel était calme mais sévère : deux nuages s'amassaient au-dessus de nos têtes. Je dis à Horem, plongé dans une rêverie triste : Il faut rentrer chez nous, mon ami, vous souffrez, je le vois, le repos et le bain vont sans doute dissiper cette indisposition qui semble se produire.

Le sourire qu'il me donna alors était si triste que je sentis un frisson parcourir tout mon être. Pour la première fois j'eus peur pour cette vieille amitié. J'aurais voulu que la même maladie nous enlaçât tous deux, souffrir avec lui sous les mêmes pensées; j'aurais voulu, enfin, cesser ensemble et au même instant notre existence sur cette terre !

Aussitôt que nous fûmes rentrés à la maison, il se coucha. La fièvre agitait ses membres, sa tête était brûlante, son imagination s'enflammait, et je voyais qu'il avait dans le cœur une secrète pensée dont la persistance concourait à l'agiter.

Je vis combien mon attachement était grand pour lui. Que n'aurais-je pas fait pour le soulager ! Sans cesse à son chevet, je veillais comme l'on fait pour l'enfant le plus aimé. Avec un de nos éventails en palmier, j'agitais légèrement l'air afin qu'il arrivât doucement rafraîchir son front. J'évitais tout bruit, et je voulais que le silence des objets extérieurs vînt peu à peu le calmer aussi.

Un mieux sensible sembla se produire en lui. L'espoir, avec toute sa puissance, fit rentrer la joie dans mon cœur, et quelques jours s'étaient à peine écoulés que mon ami se crut assez fort pour désirer de sortir encore. Hélas ! ce fut la dernière fois qu'il s'appuya sur mon bras et que je sentis son noble cœur palpiter sous ma main ! Un soleil éclatant était répandu dans l'espace : ses rayons lumineux attiraient à lui tous les gaz que la rosée du matin avait éparpillés.

Non loin du lieu qu'il affectionnait, dans un endroit solitaire, j'avais fait dresser une tente, et je fondais mon espoir sur l'air pur que mon ami allait respirer, pour amener un changement dans l'état de sa santé. Le silence régnait autour de nous, Horem lui-même paraissait calme et recueilli. Je saisis ce moment pour le prier de consulter ses connaissances en médecine, d'étudier son mal, de chercher à y apporter un prompt soulagement, enfin de ne pas négliger tous les moyens en son pouvoir pour se conserver le plus longtemps possible aux soins de mon affection toute filiale.

Cette science tant vantée, me dit-il, échoue également chez tous les hommes : celui qui l'a le plus étudiée reconnaît un jour qu'elle est impuissante.

Mes études profondes en anatomie comparée m'ont démontré que l'homme qui a cessé d'exister sert peu à l'étude de l'homme vivant. Le chirurgien seul peut toujours par elle apprendre à remédier aux accidents qui affligent ses semblables. Pourtant, mon fils, les progrès de la médecine ont déjà eu une grande influence pour le bonheur de l'humanité, et j'ai toujours vu avec intérêt les soins empressés du médecin pour le malade qu'on lui confie.

Mais ne te fais pas illusion, la maladie dont je suis atteint est toujours mortelle. La science dans ce cas est impuissante ; elle ne trouve qu'un homme terminant sa carrière : le combat est inégal. Le fluide végétal traverse un corps qui n'a plus la force de se l'approprier. Enfin, la mort, au moment où se révèle l'impuissance de nos organes flétris, a aussi ses beautés : c'est la fin de la vieillesse, notre vie corporelle seule est tranchée !

Après quelques instants de recueillement, Horem me dit : Je sens dans cet instant suprême que je dois léguer à ma patrie le résultat de mes recherches, le fruit de tous mes travaux. Un jour qui est proche va luire sur ce pays. La France enverra ici une partie de ses guerriers, tu feras choix de l'un d'eux. Ne consulte que cet instinct sublime que ton cœur te donnera, car souvent on se trompe lors même qu'on examine. Lorsque ce choix sera fait, tu sonderas ses sentiments afin de t'assurer s'ils se rapportent un peu avec les nôtres. Aussitôt que tu auras cette certitude, confie-lui notre précieux manuscrit et guide-le dans sa lecture ainsi que je l'ai fait pour toi. Jusqu'à ce moment conserve-le précieusement. Je te laisse ce dépôt qui fait toute mon espérance ; un jour il contribuera à rendre meilleurs ceux qui le connaîtront.

Cette conversation avait affaibli Horem, et c'est avec

effort qu'il parvint à m'exprimer son dernier désir. Nous regagnâmes à pas lents notre demeure, et, à dater de ce moment, je vis que j'allais être séparé de mon ami. Je ne le quittai plus ni le jour ni la nuit; mais il faut que j'abrège des souvenirs trop pénibles pour moi.

Le jour des adieux, jour si terrible pour ceux qui aiment, arriva : c'était le 20 septembre ! Nous unissions en silence nos pensées et nous les tournions toutes vers la bonté divine.

Mets ta main dans la mienne, mon fils, me dit mon ami, je veux encore la presser : c'est la dernière étreinte de notre vieille amitié, mais nous nous réunirons : l'esclave et le sauveur se retrouveront au-delà de la fosse ! Les hommes généreux ont l'éternité devant eux !

Ma pensée se dégage de mon corps affaibli..! Dieu m'appelle, les ténèbres fuient..! Une clarté infinie commence à luire pour moi..! Je quitte les vivants! Adieu, mon fils, sois consolé..!

L'émotion que ressentait Si-Ben-Kassem en terminant ce récit était si profonde, que je gardai le silence et respectai sa douleur.

La nuit s'avançait, et quoique le négro se levât de temps en temps pour alimenter notre feu, un froid très-vif commençait à me gagner. Je suivis mon vieil ami dans la tente, et je m'étendis sur les tapis.

La recommandation d'Horem à l'égard de son manuscrit m'avait frappé; je n'osais espérer que je fusse celui sur lequel tomberait le choix de Si-Ben-Kassem. Toutefois, l'affection qu'il me témoignait, ses réticences relativement à ce même manuscrit, enfin quelque chose que je ne pouvais définir, tout me disait que je pourrais être, un peu plus tard, l'heureux possesseur du résumé des connaissances de ce noble compatriote qui repose au marabout-du Santon.

Si-Ben-Kassem me confia cette particularité étrange, qu'il avait enterré Horem en cet endroit dans le plus grand secret, aidé d'un fidèle serviteur.

Il me fut impossible de fermer les yeux; je repassais tous les événements de l'histoire de Si-Ben-Kassem. Un fait succédait à un autre et entretenait mon insomnie.

Puis les cris de la hyène et des chacals, qui avaient faibli un peu par leur éloignement, pendant que nous étions près de notre foyer avaient tout-à-coup redoublé avec une intensité vraiment effrayante. Ces animaux sauvages s'étaient approchés plus près des tentes et tenaient en éveil les chiens des Arabes campés près de nous ; les aboiements de ces fidèles gardiens ne contribuaient pas peu à augmenter ce concert de nuit nullement agréable.

Le jour vint me surprendre dans un état de torpeur qui n'est ni le sommeil ni la veille. Je fus bientôt debout, et l'air frais du matin rétablit un peu de souplesse dans mes membres.

Pendant que le négro chargeait la mule et préparait nos chevaux, je me mis à dessiner la vue du pont de la Macta, afin de conserver le souvenir de notre campement.

Un brouillard des plus épais nous enveloppa subitement : il était impossible de voir à quelques pas devant soi. Si-Ben-Kassem m'engagea à partir aussitôt, afin de respirer le moins longtemps possible ce nuage empesté.

Nous nous éloignâmes au plus vite, et en arrivant sur la hauteur que nous avions explorée la veille, je me retournai pour considérer encore une fois la Macta; mais le brouillard l'enveloppait d'un vaste linceul, et je ne vis que quelques oies sauvages qui se rendaient à la mer en se perdant dans la brume.

VIII

LA VALLÉE DES JARDINS.

Nous arrivâmes à Mostaganem sans trop de fatigue.

Je m'empressai de parcourir les environs de la ville : ils sont charmants, remplis de plantations, de nombreuses petites fermes de colons français, et de maisons de campagne.

Tout prospère parfaitement dans cette localité, elle a un cachet particulier d'originalité qui séduit et qui témoigne suffisamment du génie colonisateur de ses habitants. La plupart sont d'estimables négociants qui ont pris au sérieux la colonisation, et je remarquai que quelques-uns d'entre eux mettaient en pratique l'expérience des indigènes.

J'ai été fort bien accueilli dans une famille israélite où m'a conduit Si-Ben-Kassem.

L'habitation de cette famille est remarquable par ses galeries intérieures à balustrades en bois de cèdre sculpté, son ameublement et ses riches tapis.

Notre hôte donna un dîner à notre intention.

Les convives étaient peu nombreux.

Il y avait un employé supérieur de l'administration civile, l'architecte en chef, un Arabe distingué descendant d'une ancienne famille du pays, un jeune rabbin fort instruit, mon ami Si-Ben-Kassem, notre hôte, sa femme et sa fille, charmante enfant âgée de six ans, qui parle également bien le français, l'espagnol et l'arabe.

Un jeune nègre, dont la mise orientale rehausse le teint, se présente avec un plateau en argent sur lequel est placée une aiguière en même métal, remplie d'une eau parfumée.

Chaque convive y trempe ses doigts et les essuie ensuite avec la serviette que ce jeune serviteur tient sous son bras.

On se met à table, mais avant de commencer le repas une prière est récitée par le rabbin qui bénit le pain, le sel et l'eau.

J'étais placé près de la jeune dame qui accepta très-gracieusement les petits soins que nos usages m'obligeaient à lui rendre. Cette dame, d'une amabilité toute française, me parut avoir beaucoup de douceur de caractère ; sa toilette bizarre et d'une grande richesse ajoutait au charme de sa personne.

Il y eut plusieurs services où les viandes de mouton et de bœuf, le poisson et la volaille, abondèrent sous toutes les formes. Le couscoussou, mets national, me plut beaucoup. Il se compose de farine préparée en grosse semoule cuite au bain-marie, avec des raisins secs et du lait. Quelquefois on remplace le lait et les raisins par du mouton salé ; de cette manière il est également très-bon.

Il y avait plusieurs sortes de vins; j'en bus du blanc fait avec des raisins qui croissent à Mascara. Dans quelques années, lorsque la culture de la vigne aura pris du développement, on fera dans ce pays un excellent vin qui prendra rang parmi des qualités se rapprochant des vins de Malaga et de Madère. Notre hôte servit au dessert une espèce de vin cuit, très-vieux, dans lequel il y entre de la cannelle, du gingembre et un peu de muscade. Cette liqueur flatte le palais, mais il faut en prendre modérément.

Les israélites de l'Algérie font leur unique boisson d'une distillation de figues sèches ; ils y ajoutent de l'anis, et cette boisson n'est pas désagréable lorsqu'elle est étendue d'eau : elle plaît beaucoup dans les fortes chaleurs. Au dessert on servit d'excellentes oranges, des fruits confits, des grenades et une grande quantité de pâtisserie parfaitement confectionnée.

Le pain lui-même demande une mention spéciale. Les femmes israélites se chargent, dans chaque famille, de sa fabrication. Il se fait avec une semoule très-fine, sa saveur est agréable, il ressemble absolument à du gâteau.

Le négro revint avec son aiguière offrir l'ablution de rigueur après chaque repas. Le rabbin adressa ensuite à Dieu une prière d'actions de grâces; lorsqu'il eut terminé il nous salua et se retira dans une pièce séparée, où il passe le temps qu'il ne doit pas au sacerdoce à relire et commenter sans cesse les livres religieux de sa croyance.

Cette réunion fut très-gaie et mes compatriotes appelèrent mon attention sur la transformation qui s'opère dans les habitudes de la population aisée de ce pays, et principalement parmi les israélites indigènes. Quelques-uns même n'hésitent pas à s'habiller à l'européenne et à entrer résolument dans la nouvelle phase que l'occupation française doit nécessairement apporter dans leurs antiques usages.

Si-Ben-Kassem s'occupa de l'affaire qui l'avait amené à Mostaganem; j'employai ce temps à parcourir la ville. Une jolie petite église s'élève sur la place principale; les maisons qui encadrent cette place ont toutes des arcades. Les marchands ont l'attention de suspendre des toiles dans les ouvertures de ces arcades et d'arroser les dalles devant leur magasin, en sorte que l'on se promène à l'ombre et au frais. J'ai remarqué une tour d'une construction très-ancienne que les possesseurs du pays avaient érigée en citadelle pour maintenir les habitants dans l'obéissance ; aujourd'hui elle sert de prison, et des cigognes ont adopté le haut de ce vieil édifice pour leur demeure ; c'est là l'origine de son nom : la tour des Cigognes.

Dans les autres parties de la ville il y a également de nombreuses constructions qui s'élèvent de toutes parts et dont l'opposition avec les anciennes bâtisses arabes donne une idée exacte de la marche de l'élément civilisateur : il s'y développe d'une façon très-encourageante et il offre un aperçu fidèle de tout ce que l'on est en droit d'espérer de notre belle colonie de l'Algérie.

Deux jours après notre arrivée, Si-Ben-Kassem me conduisit chez un musulman de sa connaissance. Il reste dans un village arabe de la vallée des Jardins. Ce village, entouré de verdure et de vergers, est situé dans une des belles parties de cette vallée : c'est un joli endroit qu'on aimerait habiter.

L'ami de Si-Ben-Kassem nous reçut dans un petit salon de campagne, blanchi à la chaux, orné de rideaux en mousseline blanche, placés à la porte d'entrée et aux croisées, d'où l'on découvre toute la vallée. Des tapis sont étendus sur le sol; une arcade orientale se trouve ménagée dans l'épaisseur du mur, en face de la porte d'entrée : c'est l'emplacement du divan. Le soleil lui-même vient s'ajouter à l'ornement bien simple de cette petite salle, dont le luxe ne consiste que dans sa propreté et la riche végétation dont elle est environnée. Devant les croisées il y a un parterre rempli de roses, d'œillets, de basilics et d'autres fleurs, si chères aux Arabes : elles répandent à profusion leurs délicieux parfums.

Le café est bientôt servi ; d'excellent tabac, des pipes incrustées de corail, munies d'un long tuyau au bout d'ambre, sont déposés près de nous par un jeune serviteur.

L'Arabe que nous visitions est un personnage très-affable, d'un grand âge et plein de savoir. Si-Ben-Kassem paraît le connaître depuis longtemps, et pendant qu'ils causent ensemble je cherche à saisir quelques-unes de leurs expressions.

Je songe à toi, et que de fois j'ai désiré te voir près de moi pour être heureux de ta joie; du contentement que tu éprouverais sans doute aux surprises continuelles que ce pays vous donne quand on le compare à notre Europe!

Si-Ben-Kassem accentue un peu plus sa prononciation; il s'anime. La conversation, primitivement languissante, s'élève aux proportions d'une discussion sérieuse, et son ami paraît tenir essentiellement à sa manière de voir. Pendant ce temps, je savoure le café qui est délicieux. Les rayons du soleil filtrent à travers les rideaux et colorent les objets qu'ils rencontrent; la terrasse est épaisse et conserve à la pièce une fraîcheur constante.

Ah! les Arabes savent bien ce qui est nécessaire pour ajouter aux bienfaits de leur beau climat. Ils savent jouir avec modération et dans des conditions si simples que nous pourrions peut-être leur emprunter quelque chose sous ce rapport.

Si-Ben-Kassem ayant terminé sa conférence se leva; je saluai son ami; on nous amena nos chevaux, et nous continuâmes notre promenade dans la vallée.

Si-Ben-Kassem me montra une belle concession de terrain appartenant à un officier français : elle lui a été donnée en récompense de ses services militaires. Cette propriété est parfaitement cultivée par un Arabe que cet officier a pris pour fermier.

Je demandai à mon vieil ami s'il voyait avec plaisir ces associations d'Arabes et d'Européens pour l'exploitation d'une ferme.

— Certainement, me répondit-il, et c'est une idée heureuse.

Les Français auront toujours de l'avantage à employer des indigènes comme fermiers. Cet officier n'est pas le seul qui a recours à ce moyen pour mettre sa propriété en rapport ; il y a non loin d'ici un de vos commandants qui a également une famille arabe pour exploiter sa concession; ces associations, crois-le-bien, sont toujours fructueuses pour l'une comme pour l'autre des deux parties.

Tu sauras que mes compatriotes ont beaucoup de respect pour vos chefs, cela tient aux idées qu'ils se sont formées dès leur enfance de l'importance du commandement. Ces habitudes, toutes favorables pour nos kaïds et nos kalifats, se reportent naturellement sur tout ce qui commande dans l'armée française, aussi je vois toujours avec plaisir lorsque quelques chefs de ton pays se décident à rester parmi nous. Ton Gouvernement fait bien de leur faciliter les moyens de s'y fixer, et si l'on étendait davantage cette mesure, elle contribuerait efficacement à vous attacher les Arabes qui ne sont jamais jaloux des récompenses que ton Gouvernement donne à ses guerriers.

Je n'ignore pas que ces faveurs ont été quelquefois refusées, et c'est une chose que je ne m'explique pas. Il serait cependant d'une bonne politique de chercher à favoriser ceux d'entre vous qui aiment ce pays et qui n'hésiteraient pas à l'adopter pour leur patrie, on aurait au moins des hommes sûrs et dont l'énergie ne ferait jamais défaut au moment du danger.

— Cette réflexion de mon vieil ami exprimait bien le désir qu'il a de voir son pays rester sous la domination de la France, et je vis que tout ce qui pourrait en assurer l'effet, c'est-à-dire tout ce qui augmenterait ici la population française, plairait aux indigènes sincèrement attachés à notre cause.

Voilà de beaux orangers, lui dis-je, ils poussent avec une vigueur étonnante.

— Remarque comme leurs fruits sont fermes, me répondit-il, cela tient à l'engrais qui a été employé au moment de la plantation.

— Ce n'est pas le fumier ordinaire qui a été choisi?

— Non ; l'Arabe qui dirige cette culture possède de bonnes traditions et il les pratique avec une grande attention.

— Quel engrais a-t-il donc employé?

— Il a le soin de mettre dans le trou qui doit recevoir l'arbuste des cendres de cotonniers. Ces cendres ont un principe sec qui convient parfaitement aux orangers, et même aux citronniers qui ont besoin de se développer en sécheresse afin de produire de beaux fruits.

— Cet arbre est remarquable et son fruit est d'un grand secours pour l'homme.

— L'oranger, mon fils, est un arbre que les anciens

vénéraient. La terre, disaient-ils, où il atteint son entier développement, est aimée de la Divinité. L'Algérie le voit croître très-rapidement : il n'éprouve jamais dans ce pays les souffrances qu'on ne peut toujours lui éviter en Europe.

— Son fruit est très-recherché, lui dis-je, et nous ne manquons jamais, lorsque nous le pouvons, d'en parer les tables de nos festins.

— Oui, les fleurs et les fruits de l'oranger sont un bienfait pour l'homme, et sous ce beau ciel de l'Afrique, dans ces nuits presque toujours si belles, l'Arabe recherche leurs doux parfums, un attrait irrésistible lui fait désirer la fraîcheur de cet arbre qui répand sur sa tête le calme et l'abandon. Dans ces moments réservés aux longues rêveries, il se trouve attiré vers lui comme par un doux mystère, alors les souvenirs de l'enfance, ses jeux à lui et les fantasias guerrières de ses parents reviennent à son esprit plus vivaces, mieux sentis ; il rêve à conserver son antique esclavage qu'il prend, dans sa pensée, pour être la liberté. Hélas ! mon fils, pour l'Arabe c'était la liberté, mais je le reconnais maintenant, la liberté sans la civilisation est un rêve trompeur.

— L'homme s'ennoblit par la civilisation, lui dis-je.

— Oui, mon fils, elle fait honneur aux mortels, car Dieu leur dit : Marchez, marchez toujours vers elle ; la civilisation vous rapproche de moi, et seul j'ai le droit de dire : Arrêtez-vous !

Oh ! oui, la palme la plus belle qu'un prince ou qu'un roi puisse offrir à l'Eternel, c'est le bonheur que son peuple a trouvé après être sorti des déserts de l'ignorance.

Ma nation comprendra un jour tous les bienfaits que vous répandez autour d'elle. Son expérience vous guidera pour certaine culture, et elle, à son tour, s'éclairera au foyer lumineux que vous placez sous chacun de ses pas.

Ce sont mes désirs, mon fils, et puissent mes yeux les voir réalisés avant de mourir !

— Si les Arabes te ressemblaient la tâche serait facile.

— Il y en a et même beaucoup qui pensent comme moi, seulement, tu le concevras facilement, les Arabes, en général, subissent l'indécision que leur donne leur éducation première ; ce n'est que progressivement que la transformation doit s'opérer, il faut bien se garder d'en brusquer le moment. Vos impatients efforts se soumettront-ils à cette mesure sage et prudente, de laquelle, crois-moi mon fils, dépend votre succès ?

L'Arabe, ainsi que je te le disais, jouit de l'oranger sans se préoccuper du parti qu'il pourrait en tirer pour augmenter son bien-être. Il cueille de ses fleurs et de ses fruits ce qu'il peut en consommer, puis il abandonne le reste. Il ignore l'art de les distiller, et cet arbre serait pourtant d'un grand rapport pour celui qui se livrerait à sa culture si facile. Sa récolte, dans ce pays, ne peut jamais manquer ; son fruit doré est l'ornement des jardins ; il est le charme des yeux, et je dirai aussi, avec les anciens : « La poésie vient trouver les hommes qui habitent la terre où croît l'oranger. » Et cette terre si légère, que le soleil purifie sans cesse par ses brûlants et vivifiants rayons, donne la force aux enfants dès qu'ils sortent du sein de leur mère ; ils croissent avec vivacité ainsi que cet arbre parfumé ; ils sont hommes avant ceux des autres peuples. Je prends l'Arabe pour me donner raison. Ne penses-tu pas qu'il serait pour la France un utile auxiliaire ?

— Nous n'en avons jamais douté.

— Il lui faut donc le secret de vos combinaisons savantes, dont les heureux résultats ont pour effet d'augmenter l'aisance des familles. Facilitez-lui les moyens : c'est par de telles connaissances que vous le fixerez.

Ne heurtez point ses préjugés, ils viendront s'émousser dans la pratique des échanges, et, sous la pression d'une longue habitude que fera naître votre tolérance, l'Arabe n'hésitera plus à recourir à votre expérience; dès ce moment vous pourrez dire : l'Arabe est à moi.

— Tu viens, Si-Ben-Kassem, de me faire parfaitement comprendre tous les avantages de l'association des deux peuples qui, bientôt je l'espère, n'en feront plus qu'un.

Je reconnais maintenant que l'expérience pratique des Arabes et le savoir incontestable des Français donneront de magnifiques résultats dans ce pays.

— Je vois, mon fils, que tu nous aimes véritablement, que tu nous rends justice. Tu mets en application ce précepte très-sage : La confiance attire la confiance.

— Mais non la confiance aveugle.

— Je ne te parle pas de celle-là qui est toujours le fait de l'imprévoyance, mais bien de cette confiance que les yeux traduisent et que le cœur comprend.

— Je ne me lasse pas de regarder avec quel art tes compatriotes savent distribuer les eaux pour féconder le sol.

— C'est ce qu'il y a de plus essentiel; avec de l'eau, mon fils, on opère des merveilles. Toutes les habitations sont munies de norias, et c'est d'abord à cela que l'Arabe s'attache le plus.

Lorsqu'il a creusé le puits, construit le bassin pour contenir l'eau, et installé le mécanisme bien simple qui doit la faire monter, il se met à retourner légèrement la terre; il la divise ensuite en compartiments à bords relevés; il y fait arriver l'eau au moyen de petites rigoles, et tout cela avec beaucoup de facilité, sans aucun embarras.

J'étais heureux de voir que quelques concessions de colons français étaient dirigées avec le mode d'irrigations préconisées par les bons cultivateurs de ce pays ; le soin qu'ils y mettaient révélait chez mes chers compatriotes l'intention de prouver que la colonisation est loin de vouloir devenir une impossibilité.

Nous suivions depuis quelque temps des sentiers bordés de figuiers et nous remarquions de beaux champs d'orge et de maïs, lorsque Si-Ben-Kassem me dit :

— Il y avait dans ces endroits des figuiers de Barbarie ; malheureusement, pour mieux niveler le terrain, on les a détruits, et c'est une faute

— Tu blâmes les colons de cela ?

— Ils se sont trompés en agissant ainsi. On peut y remédier ; mais il faudrait le faire sans trop tarder. Les feuilles, qui se plantent avec peu de précautions, donneraient bientôt des massifs dont le voisinage est très-salutaire.

— Quelle est l'influence que tu attribues à cette plante ?

— Le figuier de Barbarie rafraîchit ses alentours ;

il éloigne les insectes qui ne peuvent s'attacher sur ses feuilles lisses et hérissées de piquants; mais une de ses précieuses qualités est de préserver du vent du désert. Ses larges feuilles sont creuses et d'une contexture spongieuse; par cette conformation elles absorbent le principe nuisible de ce vent empoisonné, lorsqu'il souffle dans leur direction pendant les rares moments qu'il s'appesantit sur ces contrées.

Le fruit, lorsqu'il est mangé avec modération, est très-bon à la santé; et cette plante, qu'on a détruite dans quelques endroits sans se rendre compte de son utilité, est conservée avec respect par les Arabes; ils ont même le soin d'en faire de nouvelles plantations lorsqu'ils s'aperçoivent que quelques-unes d'entre elles vont mourir de vieillesse : leurs habitations en sont toujours entourées.

En discourant ainsi nous étions arrivés devant un magnifique champ de blé.

— Voici, dis-je à mon vieil ami, un des plus grands bienfaits du Créateur.

— C'est vrai, aussi il est celui sur lequel nous arrêtons le plus complaisamment nos regards. Vois cette tige qui s'élance de terre, ne dirait-on pas que l'on sent la marche de cet agent universel qui la force à monter; examinons cet admirable travail? cela vaut la peine d'être étudié.

Ce faible tuyau pourra-t-il résister à la puissance qui le traverse? Ne va-t-il pas s'entr'ouvrir? Non, rassurons-nous, une autre force égale vient poser ses barrières; des liasses se forment de distance en distance : c'est le soleil qui a crispé la tige et l'empêchera de s'écarter. Montons, montons toujours, nous voici au dernier lien; que va-t-il se passer? Le Créateur va nous parler par ses œuvres! Ecoutons ce mystère, car le moment est venu où le fluide bienfaisant va traduire sa pensée. Il se rassemble, il se groupe, la vie sur ce point vient se concentrer; un léger duvet apparaît, et l'épi attendu est formé. Le fluide intérieur insensiblement se retire; c'est alors que le soleil va nous montrer sa domination; le voilà maître de l'épi, lui seul le nourrira. L'éclat de sa lumière dorera le fruit, sèchera peu à peu la tige. Il plongera jusque dans la terre et jaunira les racines de la plante; alors son travail est fini et c'est le nôtre qui doit commencer.

Cette loi universelle que Si-Ben-Kassem venait de me raconter avec sa manière accoutumée ne fut plus pour moi une énigme. Il me semblait voir la vie circuler dans cette plante si précieuse, et je compris, une fois de plus, par quel ressort s'accomplissait la transformation des corps répandus dans la nature sous l'action puissante de l'électricité, cette force créée par l'Éternel !

Nous achevâmes notre promenade dans cette belle vallée à laquelle les Arabes ont donné ce beau nom : la Vallée des Jardins.

Ce nom est mérité. La route qui conduit à Mascara traverse cette vallée par son centre ; de chaque côté de cette route le terrain s'étend à perte de vue et renferme des parties délicieuses par leurs positions, la quantité d'arbres qu'elles contiennent et la bonne qualité de la terre.

Il y a des endroits où la couche de terre végétale a plus de quatre-vingts centimètres de profondeur ; des gisements de rochers se voient bien çà et là sur les pentes de quelques collines ; mais loin de nuire aux propriétaires, ils deviendront un peu plus tard l'objet d'une spéculation sérieuse par les richesses qu'elles recèlent dans leur sein.

L'industrie privée se chargera d'exploiter cette riche nature, lorsque l'Algérie aura pris le développement commercial auquel elle parviendra; mais il faut attendre encore : il faut que la population européenne devienne plus compacte et se concentre sous l'action bienveillante et éclairée de notre chère patrie !

IX

SUITE DE LA VALLÉE DES JARDINS.

Si-Ben-Kassem me prévint, quelques jours après notre arrivée à Mostaganem, que l'Arabe dont j'avais fait la connaissance chez l'Israélite où nous avions dîné ensemble, désirait nous offrir une collation dans une habitation qu'il possède dans la Vallée des Jardins. Je me félicitai de cette nouvelle excursion sous les auspices de l'hospitalité arabe, car elle est toujours offerte avec un caractère de grandeur qui impressionne.

L'Arabe ignore les mille nuances de nos relations du monde, et quand il invite c'est avec le désir d'être accepté.

Le jour fixé pour cette réunion il vint nous chercher. Deux de ses amis l'accompagnaient. Ils montaient de beaux chevaux, dont les brides ainsi que les selles en cuir rouge, garnies d'argent, servaient à mieux faire ressortir leurs burnous d'une blancheur éclatante.

Si-Ben-Kassem les accueillit avec la manière en usage dans ce pays, en leur demandant des nouvelles de leurs parents, de leurs amis, de tout ce qui pouvait les intéresser : tel est l'Arabe, son salut est toujours l'expression de souhaits multipliés.

Nous partîmes ensuite, et notre petite cavalcade eut bientôt franchi les portes de la ville. Nous traversions la vallée par un chemin accidenté, que bordent de belles concessions et des champs parfaitement cultivés.

Je me tenais près de Si-Ben-Kassem, et les jeunes Arabes de notre escorte s'amusaient avec leurs chevaux, dont la légèreté est surprenante.

A moitié chemin, notre amphytrion nous devança rapidement pour annoncer notre arrivée.

Mon vieil ami, pendant le trajet, prenait plaisir à attirer mon attention sur le caractère guerrier de sa nation.

Les jeux de la guerre accompagnent toujours leurs fêtes, et les jeunes gens, dans les tribus, s'habituent dès leur enfance à l'éclat de la poudre, au choc des armes.

Alors je songeais avec bonheur à la sollicitude que le gouvernement français montre tous les jours pour ce beau pays; je songeais que l'Algérie est pour nous une autre France, et que plus tard, lorsque nous aurons accompli notre mission, elles doivent l'une par l'autre former la grande puissance.

J'analysais toutes les richesses que ce pays heureux donnerait et qui pourraient soulager bien des infortunes.

Je songeais à ces moments de crise que les peuples subissent quelquefois au milieu des merveilles produites par le progrès. Il est une chose sublime, me disais-je, mais il a ses moments d'intermittences puisés dans ses propres excès.

Est-ce le résultat de toutes ces merveilles enfantées par lui ou bien les pensées répandues sur les fronts, qui viennent agiter parfois ces courages abattus, ces bras inoccupés d'une partie de la population de nos villes ?

Je ne pouvais résoudre entre ces deux problêmes.

Puis venait à mon esprit la généreuse initiative de notre gouvernement, qui offre aux ouvriers malheureux le moyen de profiter des ressources de ce pays prospère, pour s'y créer un asile assuré.

Je fis part de mes réflexions à Si-Ben-Kassem, et cet ami, qui comprend les idées généreuses, me dit : Ne te semble-t-il pas, au milieu de la sécurité dont vous jouissez en ce moment, pour l'accomplissement de vos travaux, que l'Algérie parle ainsi à la France :

« Je suis ta sœur, et comme telle je te demande quel-

« ques sacrifices. Je me rends à toi avec toutes mes
« tribus; je ne serai pas ingrate, quoique les guerriers
« aient arrosé mes veines avec un peu de sang.

« J'ai souffert bien des fois des horreurs de la guerre,
« et si dans les temps antiques elle ne m'a donné que
« troubles et persécutions, tu m'apportes, toi, l'appui
« de ta grandeur avec la liberté.

« Aussi écoute-moi; je suis généreuse, je veux t'ini-
« tier au secret de me conserver, de garder la conquête
« qui t'a coûté de nobles efforts; elle est digne de ton
« courage.

« L'Arabe était fait pour te combattre; mais ton génie
« l'a vaincu; je te l'ai dit : il se soumet.

« La terre m'appartient, je te la donne inculte;
« c'est à toi d'y répandre avec discernement le trop
« plein de ton peuple, pour la faire fructifier et renou-
« veler les admirables produits que mes anciens posses-
« seurs ont su en tirer.

« Sois persévérante dans le mode que j'indique; mar-
« che progressivement à la culture de mon territoire;

« que tes enfants soient toujours réunis pour s'opposer
« avec succès à plusieurs de mes fils, obstinément in-
« soumis.

« Consacre quelque argent pour achever ton œuvre,
« et que chaque année une petite part me soit réservée
« sur l'impôt de ton riche territoire : ce sacrifice passera
« inaperçu, et tu verras, ma sœur, comment je te ré-
« compenserai.

« Que ceux qui souffrent chez toi viennent me trou-
« ver ; je suis remplie de bonté et n'épargnerai rien
« pour les rendre heureux ; car l'homme est à la terre
« son plus bel ornement, et, quand il la cultive, il s'y
« attache, il y puise le calme et par suite le bon-
« heur ! »

C'est ainsi que Si-Ben-Kassem interprétait une des questions intéressantes de notre temps, et je l'en remerciai du regard.

Au détour d'un sentier nous aperçûmes au loin plusieurs cavaliers qui se dirigeaient de notre côté. C'étaient des amis de notre amphytrion qui venaient se joindre à nous et augmenter notre cortége.

Nous fûmes en peu d'instants au lieu du rendez-vous. On nous mena près d'un grenadier, arbre gigantesque, qui projetait une ombre bienfaisante pour l'heure du jour qui marquait à notre arrivée. Il était onze heures du matin ; le soleil était brûlant, mais un vent léger qui passait dans les jardins environnants nous apportait avec sa douce fraîcheur de suaves parfums.

On emmena nos chevaux, et nous nous assîmes sur un banc de gazon tout contre ce bel arbre, à l'abri duquel trente personnes auraient pu se placer.

Un tapis magnifique, aux brillantes couleurs, était étendu sur le sol ; un autre tapis, non moins remarquable, était suspendu aux branches du grenadier et servait à augmenter l'ombre de l'emplacement qui avait été choisi pour servir le repas.

Si-Ben-Kassem s'était mis auprès de moi, et tous les Arabes de la connaissance de notre hôte venaient nous saluer et allaient ensuite s'asseoir, à leur manière, un peu plus loin sur le gazon. Une petite table est placée devant nous. Mon vieil ami et moi nous sommes les seuls convives, et les autres Arabes nous servent de spectateurs.

Si-Ben-Kassem leur adresse la parole, on lui répond en riant; la gaieté préside à ce bizarre entretien, et moi, silencieux, j'examine avec intérêt cette scène étrange.

Les préparatifs du repas se font dans l'habitation qui est proche de l'endroit où nous sommes.

Mais le signal est donné.

Deux serviteurs apportent les mets et c'est notre hôte lui-même qui les pose sur la table et qui nous sert.

J'accepte du mouton préparé en ragoût; les épices y sont tellement prodiguées, que j'en ai le palais emporté par leur action pénétrante.

Si-Ben-Kassem mange gravement; mais il m'est impossible de continuer malgré tous mes efforts.

Des poules au blanc viennent ensuite; on les a fait cuire avec des herbes odoriférantes, ce qui leur donne un goût tout particulier. Je trouve leur chair excellente.

Le couscoussou, ce mets chéri des Arabes, n'est pas oublié.

Des pâtes frites dans l'huile, des viandes hachées, des poulets rôtis sont servis tour à tour, et notre aimable hôte redouble d'attentions pour satisfaire à nos moindres désirs.

On apporte le dessert, qui se compose de fruits exquis, de gâteau et de miel.

Les deux extrêmes pour commencer et terminer le repas.

Il y a peut-être dans cette manière d'agir un raffinement calculé.

On débute par un mets fortement épicé, qui vous enflamme le palais; puis ceux qui se succèdent, modérément assaisonnés, vous semblent encore plus doux, plus savoureux.

Ce repas me plut beaucoup; une seule chose me manqua : c'est le vin. Il n'y eut que de l'eau pour toute boisson.

Le dessert est partagé avec les Arabes; la conversation prend plus d'animation; le repas va se terminer.

Une chose à laquelle je ne m'attendais nullement et qui me surprit, c'est qu'aussitôt que nous nous levâmes de table, Si-Ben-Kassem et moi, pour aller prendre le café en un endroit que nous désigna notre hôte, tous les Arabes entourèrent la table et se mirent à achever le dessert.

C'est un honneur qu'ils font aux convives en agissant ainsi.

Si-Ben-Kassem me fit remarquer un beau vieillard âgé de cent deux ans : c'est l'aïeul de notre hôte. Il est fort instruit, et il possède des manuscrits précieux qui traitent de la médecine, de l'astronomie, de l'art merveilleux d'irriguer convenablement la terre pour toutes sortes de cultures. Ce sont des traditions précieuses qui remontent à la belle époque de l'ère arabe, et qui sont religieusement conservées dans cette famille. Aussi le nom de ce vieillard est-il précédé de cette dénomination respectée : le Savant.

Telle est aussi celle de mon vieil ami; car Si-Ben-Kassem veut dire : le Savant fils de Kassem.

Le kaïd de cet endroit qui faisait partie de notre réunion nous quitta pour aller régler un litige entre quelques-uns de ses administrés. D'autres Arabes le suivirent, il ne resta avec nous que les proches parents de notre hôte.

Je m'approchai respectueusement du centenaire et lui témoignai le désir de l'entretenir un moment.

Si-Ben-Kassem s'y prêta volontiers et nous servit d'interprète.

— Es-tu satisfait, lui demandai-je, de l'arrivée des Français dans ton beau pays?

— Oui, me fut-il répondu, le caractère joyeux de tes compatriotes nous porte à la confiance, et si mon grand âge n'était un obstacle sérieux, j'aimerais à voir la France.

— Tu trouverais parmi les savants de ma patrie un accueil ami; ils sauraient t'apprécier.

— Il en est dont la réputation est venue jusqu'à moi; mais mon faible mérite est comme la trace que laisse la gazelle dans le désert. Il se voit à peine.

— On dit que tu es versé dans les écrits des anciens de ta nation et que tu comprends leur sagesse?

— Il faut toujours s'attacher à imiter ce qui est beau : ils enseignaient un jugement sévère pour soi et beaucoup d'indulgence pour son semblable.

— Les heures s'oublient en consultant un sage, lui répondis-je.

— Le temps est précieux, et il est toujours bien de le consacrer à la recherche de la vérité.

— Où est-elle, selon toi?

— Dans les œuvres de Dieu, et c'est toujours vers lui qu'il faut reporter les conceptions de notre intelligence.

Cette réponse est belle, et j'ai toujours vu que les Arabes instruits, avec lesquels j'ai eu quelques relations, reportent tout à Dieu : conclusion pleine de sens et d'une haute portée humaine.

Notre conversation fut interrompue par l'arrivée d'un

jeune docteur que je connais et qui est attaché au bureau arabe.

C'est une des belles mesures du Gouvernement français d'avoir attaché un médecin militaire à chaque bureau arabe.

Le chaouch, muni d'un bâton, attendait ce jeune docteur à l'entrée du village pour le conduire dans l'habitation du malade. Je lui souhaitai quelque bonheur dans la guérison qu'il allait entreprendre.

La médecine est destinée à contribuer efficacement à nous rendre favorables ces populations, qui finiront par être sensibles aux soins dont on les entoure.

Je fis part de cette réflexion à Si-Ben-Kassem. Je savais qu'il avait étudié cet art avec son ami Horem et qu'il y était même expert.

— Je reconnais avec toi, me répondit-il, que c'est un des moyens de vous faire aimer de mes compatriotes. Leurs préjugés cèderont aux merveilles produites par ces belles connaissances, qui donnent à l'homme le pouvoir de conserver la vie à son semblable.

— Aussi, lui dis-je, appelons-nous cette science : la science sublime.

— Mais quelle responsabilité n'assume-t-il pas celui qui entreprend d'exercer cet art incomparable !

La médecine, vois-tu, est l'étoile polaire de toutes les familles. L'homme atteint de cruelles infirmités, tourne les yeux vers elle ; il l'interroge, il la prend pour guide, car il espère, avec son aide, regagner enfin le port.

Mais, mon fils, les rayons de cette étoile ont souvent quelques ombres.

Combien il doit trembler, le médecin au cœur aimant, lorsqu'on soumet à son empire des êtres sensibles et bons que la douleur accable et qu'elle semble vouloir anéantir !

Combien il doit chercher dans le souvenir de ses études, pour trouver le remède bienfaisant qui arrêtera le mal et prolongera l'existence de celui qui paraissait devoir en être privé !

Quelle étude profonde, méditée et sans cesse renouvelée ne doit-il pas faire pour arriver à analyser avec quelque succès l'organisation des humains.

Son point de mire, c'est le cerveau ; c'est là qu'il doit examiner le mal et ses progrès ; puis, en se recueillant, il cherchera parmi les simples fleurs que l'on voit se balancer si gracieusement, parmi les plantes que ses investigations laborieuses lui auront appris à connaître, quelles sont celles qui pourront apporter la fin de nos tourments.

Pour atteindre ce but il mélangera même quelques-unes d'entre elles, et, par un choix judicieux, il mêlera habilement le poison avec la volupté. Du concours heureux de certains fluides il résultera une crise favorable qui amènera le retour de la santé.

Ces fluides sont le véhicule que la nature produit libéralement ; ce sont eux qu'il faut par conséquent étudier ; car ces mêmes fluides se trouvent répandus chez l'homme, et lorsqu'ils cessent de pénétrer son organisme avec l'harmonie que la nature a fixée, la machine, comme on dit, s'arrête et s'anéantit.

Voilà la principale étude du médecin ; elle est immense. Il doit lui-même analyser tous les produits de la végétation et les faire servir au bien-être de l'homme, qui est la dernière et la plus belle plante de la création.

Tu sauras que le cerveau de l'homme est conformé de telle façon, que, par les sensations multiples qu'il ressent, il peut refléter toutes celles des plantes.

Si sa pensée est calme, si elle lui sourit, elle produira le bien-être ; mais, comme elle est excessivement mobile, elle s'assombrit parfois, elle se voile par quelque image funeste ; c'est alors la sensation empoisonnée qui vient le dominer.

Il faut donc que le médecin étudie comment se produisent ces perturbations sans nombre qui déterminent les maladies chez l'homme, et qu'il cherche à provoquer quelques secousses salutaires qui rétabliront la marche de ces fluides, qui sont la base du principe vital.

Malheureusement, à côté du bien que la médecine procure, je vois germer le mal. La règle des docteurs n'est pas la même pour tous ; il y a une grande divergence d'opinions dans leur sein : chacun d'eux cherche à appliquer les dons de Dieu suivant l'intelligence qu'il possède.

L'Eternel cependant a tout créé pour le bonheur de l'humanité ; à chaque pas que l'homme fait il foule la plante qui a le pouvoir de calmer une douleur.

L'homme doit donc par ses études perfectionner ce bel art de la médecine, qui lui donne la faculté de discerner ce qui lui est nécessaire.

La nature est forte, puissante, mais elle veut, pour prêter son appui, qu'on l'examine pas à pas et sans jamais s'arrêter ; elle veut un courage soutenu et que dirige l'amour de l'humanité.

L'homme, par le fait seul de sa volonté, je te l'ai déjà dit, mon fils, peut faire jaillir la lumière qui est toujours suspendue dans son front ; il peut changer tout son être, il peut se réveiller quand il se sent abattu.

Celui donc que l'amour du bien anime ne faillira pas à cette tâche honorable, à ce rude labeur que l'étude de la médecine exige de ses constants et généreux efforts.

Oh oui! mon fils, les plantes sont la sculpture de l'ouvrage merveilleux que nous pouvons contempler sans cesse; elles ornent ce jardin terrestre que Dieu a donné à l'homme.

C'est parmi elles qu'il faut chercher le baume consolateur; mais chaque plante n'a qu'une sensation : l'œillet, malgré toutes ses beautés, ne nous donne pas la volupté de la rose; la tulipe, aux brillantes couleurs, ne peut égaler l'humble violette ni donner les enivrantes sensations de l'oranger. Ces plantes se révèlent à nous par les nuances dont elles affectent notre odorat, et se distinguent parfaitement les unes des autres.

Les plantes arides ne contiennent pas les douces rêveries de la pensée, bien qu'elles aient aussi la sensation qui leur est particulière.

C'est là leur spécialité à toutes ces fleurs, leur esprit, qu'elles tiennent du fluide régénérateur et que la nature leur assigne.

L'homme donc de ce grand jardin est la fleur la plus belle, puisque son cerveau, à lui seul, embrasse toute la nature entière; il renferme l'aimant qui attire tous ces fluides ; car, ne l'oublie pas, l'homme est le produit de l'essence même de cette force productive qui anime tout ce qui est créé.

Si donc chez lui un trouble se produit, c'est aux plantes qu'il faut recourir pour choisir celles qui suppléeront ou aideront à la sensation qui lui fait momentanément défaut, afin de rétablir l'harmonie qui est nécessaire à son existence.

Tu m'écoutes en silence, mon fils, et peut-être que ta raison hésite à admettre des idées qui sont les miennes.

Permets une comparaison ; lorsqu'elle est juste, la solution en est toujours exacte.

Suppose un mécanisme merveilleux par son exécution ; quel effet produira-t-il sous le contrôle de l'examen ?

Il ne sera apprécié que s'il remplit un but utile ; il lui faut donc un peu d'eau, que la chaleur dilatera à l'extrême afin de lui imprimer le mouvement : sans cette eau ce mécanisme ne serait que médiocre par son manque d'utilité.

Eh bien! mon fils, il en est de même pour l'organisme de l'homme.

La médecine doit s'attacher à trouver cette eau, ou, si tu veux, cette force qui est indispensable et qui se trouve répandue dans la nature. Il ne s'agit que de pouvoir se l'approprier, et c'est là le problème qu'il faut aussi résoudre et que l'humanité demande toujours à celui qui n'hésite pas à s'adonner à la profession si difficile du médecin.

Tu vois quel travail on doit entreprendre pour percer le mystère dont l'organisation de l'homme est entourée.

Le sage, mon fils, qui, dans le silence, examine les faits, pèse avec justice, reconnaît que jusqu'alors la nature a été plus forte que tous les systèmes; cependant il tient compte des veilles de tous ces hommes laborieux qui concourent par leurs travaux à former le grand livre de la science; mais s'il est sollicité à donner son opinion sur leur mérite, c'est au seul amour de l'humanité qu'il décerne la couronne!

Si-Ben-Kassem cessa de parler. Les autres Arabes,

qui avaient gardé le silence, se mirent à discuter entre eux. Ils cherchaient sans doute à se rendre compte du sujet que mon vieil ami venait de traiter si subitement avec sa gravité habituelle et qui même, dans cette circonstance, avait eu quelque chose de plus prononcé.

L'aïeul de notre hôte, ce beau vieillard centenaire, voulut connaître l'appréciation que notre ami venait de faire sur la médecine, car il avait parfaitement remarqué que la venue du jeune docteur avait amené cette dissertation.

Si-Ben-Kassem traduisit quelques-unes de ses idées, et je vis, au léger sourire qui effleura les lèvres de notre auditoire, que mon ami venait de rencontrer des approbateurs.

Le médecin, chez les Arabes, est respecté à l'égal des chefs, et l'on a pour sa profession une grande estime.

Aussi tout jugement qui tend à faire du médecin un homme grave, recueilli, plein de savoir, plaît à ce peuple : c'est ainsi qu'il comprend les hommes de cette estimable profession.

Je vis en ce moment le jeune docteur toujours conduit par le chaouch : il allait sans doute visiter un autre malade.

Je le montrai à mon vieil ami ; il comprit mon intention et il y répondit ainsi :

— Oui, mon fils, c'est du dévouement, et tu ne saurais croire combien je suis heureux lorsque je trouve l'occasion de constater un trait d'humanité ; tu comprendras quelle est ma joie lorsque je vois mes compatriotes profiter des bonnes intentions qui président à ces visites.

J'ai vu aussi quelques-uns de vos colons accablés par le mal, et je me disais : combien ils doivent bénir le médecin bienveillant qui les accueille avec bonté, qui les encourage et les soutient dans leur abattement ; c'est là le privilége de la science médicale.

L'accomplissement de ce devoir est tellement beau que je suis surpris que vous, le grand peuple, qui avez des couronnes pour toutes les inventions, oui, mon fils, je suis surpris que vous n'ayez pas encore songé à introduire dans vos coutumes une fête populaire dont le but serait de décerner une récompense au médecin qui aurait montré le plus d'humanité envers ses semblables.

— Une fête! dis-tu; explique-moi, je te prie, comment tu voudrais qu'elle fût instituée?

— Oui, je voudrais voir créer cette fête; elle serait la plus belle, et je l'appellerais la Fête de la Santé. Elle aurait lieu tous les cinq ans, et une étoile d'or qui porterait pour devise : *Amour de l'Humanité*, serait la récompense à décerner.

Des colons choisis recueilleraient en silence tous les actes bienfaisants que les médecins feraient : le peuple a tant besoin qu'on lui rende service, et le médecin charitable qui exerce son art avec une sainte vocation verrait son nom inscrit avec mystère; puis le grand jour de l'épreuve étant arrivé, c'est lui, mon fils, que le peuple acclamerait.

Mais comme il faut toujours agir avec sagesse, la religion consacrerait cette fête humanitaire. Nos mosquées, vos églises retentiraient des chants que l'on consacre à l'Éternel, et le saint prêtre attacherait de sa main sur la poitrine de l'élu, au cœur humain et bon, le signe de justice qui lui serait accordé.

Mon vieil ami se leva ensuite; nous accompagnâmes le centenaire et notre hôte jusqu'à leur habitation, nous leur fîmes nos adieux, puis nous revînmes à Mostaganem.

X

LA RUINE DU PIRATE.

Lorsque l'on sort de Mostaganem par la porte des Medgers, placée au bas de la côte que couronne le fort de l'Est, et que l'on suit un sentier qui mène près des deux petits marabouts, sanctuaires religieux que fréquentent les Arabes du village de Tigeditt, on arrive sur un plateau en vue de la mer.

Si l'on continue de suivre le chemin tracé dans la ravine, vous arrivez sur la plage que la mer baigne par ses vagues mugissantes ou tranquilles, et qui tracent sur le sable, qu'émaillent de petits coquillages aux mille couleurs, leurs courbes gracieuses et légères.

Vous trouvez en cet endroit une source qui s'échappe de la falaise, dont l'eau, qui est excellente, est d'abord contenue dans un bassin en pierre de taille; puis cette eau, en en dépassant les bords, va s'écouler à la mer. C'est là que les Arabes vont faire abreuver leurs bestiaux.

C'est là aussi, et le long de cette côte, que des Espagnols industrieux, venant de Carthagène ou de toute cette partie de l'Espagne, si voisine de l'Afrique, établissent des briquetteries, dont ils livrent bientôt les produits au commerce.

Mais, si de la plage vous regardez au loin, à l'extrémité de la crique, vous apercevez sur le haut d'un escarpement accidenté les restes d'un petit fort : c'est la ruine du Pirate.

Dans une de mes courses, je me dirigeai de ce côté

et j'allai visiter cet ancien poste de forbans, d'où, semblable au vautour qui guette sa proie, se tenait la sentinelle vigilante ; et, lorsque la tempête égarait vers ces plages, jadis inhospitalières, quelques-uns de nos bâtiments de commerce européen, le signal était donné ; les chebecs, aux voiles latines, remplis de farouches soldats, s'élançaient avec rapidité à travers les vagues d'une mer encore agitée, paraissaient et disparaissaient dans la tourmente, cachés en partie par les flots, abordaient presque toujours et emmenaient captifs les malheureux matelots dont le courage s'était émoussé dans la lutte qu'ils avaient soutenue contre une mer en furie.

Aujourd'hui la France protège ce sol, et le commerce européen vogue tranquillement le long de ces côtes devenues hospitalières. Telles étaient les réflexions que je faisais lorsqu'après avoir gravi lestement les rochers qui forment la base de cette ruine, j'arrivai au sommet.

Je parcourus l'enceinte du fort ou plutôt de ses débris, derniers vestiges que l'action lente du temps doit faire disparaître entièrement.

Quelques murs encore debout, avec une petite meurtrière dans l'un d'eux, ont dû appartenir à une bâtisse, sans doute le logement où se réfugiaient, dans les mauvais temps, les veilleurs de ces forbans.

Quelques myrtes sauvages croissent çà et là; une petite esplanade de verdure, remplie de marguerites, se trouve à l'entrée du fort.

Une caverne ménagée dans le rocher se voit encore sur le versant oriental : son entrée est obstruée par des débris de ce rocher. Aujourd'hui c'est probablement le refuge de quelque bête fauve; autrefois les pirates ont dû y chercher un abri.

On voit au loin la silhouette vaporeuse de la montagne des Lions, et, plus près, la pointe du cap qui marque l'embouchure du Chéliff, dont le cours est si restreint en été, qu'on peut le passer à gué; mais ce fleuve augmente tellement dans la saison hivernale, que ses eaux refoulent la mer à plus de deux lieues vers le large. La vue qu'on embrasse de cet endroit est belle, et, par les tièdes matinées du printemps, à travers la transparence de l'air, il semble que les côtes de l'Espagne se voient au loin sous la forme d'une lueur blanchâtre et vaporeuse.

Si quelque esclave espagnol assujéti aux travaux pénibles du débarquement des navires musulmans a été employé sur cette plage, combien il a dû, par la pensée, donner une forme plus précise aux rochers de son cher pays, dont l'aspect est si fugitif, qu'en les regardant l'on croit être le jouet d'une illusion !

Après avoir exploré cette ruine, je revins du côté de la mer, et au-dessous de moi, au pied même de la falaise qui supporte le fort, je vis un Arabe assis sur le rocher ; il regardait la mer.

Il avait les jambes nues, des babouches à ses pieds ; un large pantalon de toile était serré à ses genoux ; son costume était complété par une veste à la turque et une calotte de drap rouge se perdant dans un large turban d'étoffe blanche.

C'était un soldat de l'ancienne milice des beys, de ces hommes qui fournissaient les équipages pour les courses à la mer.

Il était pensif, une certaine agitation l'animait ; il jetait de longs regards sur la mer, et il semblait interroger l'horizon liquide qui se déroulait si majestueusement devant lui. Il se remémorait sans doute ce temps si rapidement écoulé et qui lui retraçait quelques épisodes de sa vie.

Parfois il gesticulait avec force ; il parlait haut, et le son de sa voix montait jusqu'à moi.

Quel fantôme humain invoquait-il en ce moment d'agitation indicible ?

Etaient-ce les regrets inutiles mais poignants de ses jouissances perdues, ou bien n'étaient-ce pas plutôt quelques remords tardifs qui venaient assombrir sa vie maintenant paisible, comparée à ce qu'elle dut être autrefois ?

Cet homme a la barbe grisonnante et peut avoir cinquante ans. Il ne nous aime pas, mais sa haine se borne à quelques imprécations ; il est inoffensif, aussi les autorités françaises le laissent-elles tranquille.

On le rencontre dans les rues de Mostaganem, avec sa longue pipe, et lorsqu'il est sous l'impression vertigineuse de l'opium qu'il a fumé, il s'arrête, il gesticule ; puis il prononce quelque sentence en regardant le ciel.

Quand on le voit, on se détourne de lui, on le plaint ; mais ceux qui connaissent les traditions du pays, ne manquent jamais de dire en le rencontrant : Voilà l'ancien pirate !

Un jeune Israélite avait appelé mon attention sur lui, aussi les traits de cet homme ne m'étaient-ils pas inconnus.

Je le considérai quelques moments, puis je quittai ces ruines, et en revenant sur mes pas je vis une famille arabe qui se baignait à la mer.

Les hommes avaient allumé des branches sèches et faisaient cuire quelques aliments.

Les femmes et les enfants riaient et se jouaient avec les vagues.

Les enfants étaient nus, mais les femmes avaient conservé un long morceau d'étoffe blanche, qui les recouvrait entièrement. Dans cet accoutrement elles présentaient un aspect étrange. Ces grandes formes blanches, que les vagues de la mer semblaient poursuivre sur la plage, avaient quelque chose de fantastique.

Je pris un sentier tout rocailleux, encaissé de chaque côté par de beaux plateaux de verdure et superposés les uns aux autres. Autrefois, ces plateaux étaient cultivés, et, au moyen de bassins en pierre, que l'on voit encore en cet endroit, on y faisait arriver l'eau nécessaire pour irriguer le terrain.

Le chemin que j'avais pris conduit au sommet de la colline, et en le suivant je me croisai avec une autre famille arabe qui se rendait également sur le rivage.

De jeunes ânes vigoureux portaient les femmes et les enfants. Les hommes, munis d'un bâton, activaient la marche de leurs montures. Je m'arrêtai pour laisser passer cette petite caravane, dont les femmes qui en faisaient partie paraissaient joyeuses des moments de liberté que cette promenade à la mer leur donnait.

J'arrivai bientôt aux deux petits marabouts, et j'allai retrouver Si-Ben-Kassem dans une maison arabe de Tigeditt, où je savais le rencontrer.

De retour à Mostaganem, je lui demandai si ses souvenirs ne lui rappelaient pas quelques faits se rapportant à la ruine du Pirate.

Je lui parlai également de cet Arabe que j'y avais vu, des réflexions qu'il m'avait suggérées, et je le priai de me confirmer ce qu'il y a de réel dans les récits que l'on fait sur l'histoire de cet homme.

— Il y a en effet, me répondit-il, un épisode qui le concerne et qui se rattache également à la ruine que tu viens de visiter. Il me fut raconté par un Espagnol que j'ai vu esclave sur cette côte, et que j'ai été assez heureux pour faire rendre à sa famille et à son pays. Laisse-moi me remémorer cette singulière histoire.

Si-Ben-Kassem posa lentement la main sur son front, parut se recueillir quelques instants, puis il me dit :

Ecoute, mon fils, c'est un récit étrange que je vais te faire :

Le 17 mai 1821, un vaisseau espagnol quittait l'île de Cuba, c'était le *San-Fernando*.

Il se trouvait à son bord plusieurs passagers de distinction, qui, après avoir habité longtemps la Havane, revenaient dans leur patrie avec les richesses qu'ils avaient amassées dans cette belle colonie appartenant à l'Espagne.

Le ciel était pur, la mer balançait ce beau vaisseau; l'équipage, tout joyeux de revoir la terre natale, exécutait avec empressement le moindre commandement du maître qui préside à la manœuvre.

Les passagers eux-mêmes écoutaient silencieux et suivaient avec intérêt tous ces détails qu'exige le service d'un navire et dont la sage combinaison concourt puissamment à maîtriser cet ensemble si majestueux de tous ces agrès, de ces voiles qui cèdent à l'action du vent et impriment au bâtiment une marche lente ou rapide.

La brise soulevait doucement les vagues; la magnificence d'un beau ciel se reflétait entièrement sur la mer; le calme était partout, même dans l'équipage, et tout faisait présager un voyage heureux.

La gaieté, cette gaieté franche qui part du cœur, est toujours sur le navire qui, après un long voyage, ramène vers la patrie tous ces cœurs isolés; ils trouvent alors l'épanchement que les causeries du bord font naître ; on raconte ses exploits, les tourmentes de ces nuits sombres où mille obstacles sont à vaincre et que le retour d'un beau jour fait oublier.

Le marin, vois-tu, c'est l'homme des aventures ; il n'est pour lui aucun péril qu'il ne sache affronter ; il se plaît dans le danger, et s'il est plein d'énergie au milieu des tempêtes, il est calme et pensif sous un ciel azuré.

Mais que je te parle de l'homme dont la responsabilité est grande, de l'homme sur lequel tous les regards sont fixés, de celui que l'équipage aimait, tant ce chef était bon en même temps que juste et sévère.

C'est du capitaine dont je te parle, du capitaine Don José, de celui qui commandait le navire. D'après le récit qui me fut fait, je crois le voir ; il est calme et pensif ; sur ce front qui révèle le génie, on y voit une idée persistante ; mais cette situation de son âme n'altère pas sa gravité, il est tout au commandement et veille avec prudence sur le sort de ceux qui lui sont confiés.

Je te l'ai dit, l'équipage l'aimait et c'était justice, car il traitait tous ces hommes avec impartialité ; cet ascendant qu'il a su acquérir par une valeur sans égale, il ne le doit pas à l'expérience des années. Au moment du récit il n'a que trente ans ; mais il était haut de stature, sa figure était belle ; on voyait sur ses traits ces élans de fierté qui plaisent tant au marin et que rehaussait encore l'éclat de ce beau costume de la marine espagnole.

A bord se trouvait pour lui un doux souvenir d'enfance : une amie de sa famille, Dona Carmen ***, la veuve d'un ancien officier de marine sous les ordres duquel il avait fait ses premiers voyages. Cette noble Dame lui rappelait l'âge heureux de ses jeunes années, aussi il l'entourait de soins et de prévenances ; mais il ne pouvait dissiper chez elle une vague tristesse qui venait l'agiter.

Les regards de Dona Carmen se portaient sur une personne charmante que sa voix affaiblie nommait Bianca : c'était sa fille. Sa taille svelte et bien prise lui donnait une remarquable distinction de grandeur et de majesté.

Elle avait dix-huit ans, elle était Castillane et peut-être la plus belle ; ses cheveux noirs encadraient son beau visage; la perle de l'innocence brillait sur ce front pur et charmant; c'était la seule parure de cette beauté que forma la Castille, cette terre généreuse favorisée des cieux!

Par un hasard heureux, je te l'ai dit, le capitaine Don José débuta sous les ordres du père de cette jeune fille; aussi les voyait-on tous trois parler de leur pays avec reconnaissance. L'amour de la patrie soutenait leur courage, et Don José, sous le charme d'un vague espoir, veillait sur Bianca comme on veille sur un être chéri.

Le navire, en se courbant, fendait gracieusement les vagues; la mer semblait lui ouvrir le chemin liquide qui devait le conduire au port, et les eaux, qui bouillonnaient au loin dans le sillage, par leurs doux murmures, encourageaient les chants des matelots.

La nuit succède au jour, les feux sont allumés, les hommes de quart sont choisis, un officier les commande, et le reste de l'équipage va chercher dans le sommeil l'oubli de ses travaux. Il retrouvera dans ce repos que la nature demande les forces vitales qui le ranimeront au réveil.

Car, mon fils, le sommeil est à l'homme ce qu'il est à la terre ; du plus petit au plus grand, tous les corps animés ont besoin de ce repos. Ce voile couvre tour à tour la nature entière. Mais vois à son réveil comme la terre est pensante ; vois comme son esprit se retrouve animé, elle apporte aux humains ces beaux jours que son sommeil leur cachait.

De même chez l'homme le sommeil vient pour délasser son esprit et son cœur ; vois-le quand le travail l'accable ou que son sang bouillonne et agite ses membres ; vois-le quand il est tourmenté par de sombres pensées : si le sommeil arrive, les fatigues et les peines de sa vie disparaissent un moment.

Oh ! mon fils, quel phénomène immense ce sommeil nous cache ! Nous ne pouvons l'étudier qu'imparfaitement, car, lorsqu'il vient nous couvrir de son voile épais, des ombres seules se présentent à nos pensées ; on les interroge en vain, elles se heurtent et s'éloignent ; c'est un fluide vacillant que rien ne peut retenir, puisque notre intelligence est retournée à son berceau.

Oui, c'est pendant ce repos que se dégage cette essence terrestre ; elle redescend les degrés qu'elle parcourt constamment ; elle délaisse un moment nos membres appesantis. Mais, de ce réservoir, qui est l'âme de la terre où notre esprit est allé se replonger, il en monte toujours un peu pour entretenir mouvants ces courants qui nous traversent, car sans cela nous cesserions d'exister.

Pendant ces heures silencieuses le capitaine Don José règle la route que doit suivre le navire ; le ciel avec ses étoiles lui prête son concours ; il calcule en silence, et, par ce travail admirable de l'homme, il évitera le danger.

C'est ainsi que les jours se succédèrent, et, bien qu'ils soient quelquefois rapides pour certaines dispositions de l'âme, ils semblent trop lents pour les passagers du *San-Fernando*.

Un incident vint rompre l'uniformité de cette vie calme du bord, et il contribua à resserrer ces doux liens qui se forment entre les passagers pendant le cours d'un long voyage.

Le 27 du même mois, Bianca tomba malade, ses amis craignirent un moment pour ses jours ; le délire, occasionné par des fatigues et peut-être aussi par quelques peines morales, assombrissait les pensées de cette aimable fille; mais les soins empressés du médecin triomphèrent en quelques jours de la maladie. Bianca reprit promptement ses forces, les traces du mal disparurent, et les grâces de la jeunesse et de la santé revinrent de nouveau embellir cette noble fille de la Castille.

La guérison de Bianca avait ramené la joie sur le *San-Fernando;* tous en étaient heureux, et Don José saisissait les occasions qui s'offraient à lui pour remercier le docteur des soins paternels qu'il avait donnés à sa jeune amie. Toutefois il craignait de trahir le secret de son âme, et ce caractère ferme au milieu des tourmentes qu'il affrontait sans cesse, tremblait de laisser voir combien le sort de Bianca l'intéressait.

Le docteur s'était attaché à Don José, il l'aimait comme un frère; il aimait à sonder cette vie mystérieuse qui n'a que le court espace d'un navire pour ses méditations; il aimait à suivre pas à pas cette existence pleine d'impatience, qui doit sans doute augmenter l'énergie du marin. Il l'admirait surtout un soir à l'approche d'une tempête, où Don José se montra vraiment remarquable par l'ascendant qu'il exerça sur tous ceux qui l'entouraient.

La nuit, en ce moment, répandait sur les eaux cette sombre obscurité qui dérobe à nos regards toutes les merveilles du jour, elle couvrait de son épais manteau cette mer dont les lames furieuses venaient frapper le navire.

La vague écumeuse, le vent qui s'élevait et agitait les mâts et les cordages commencèrent à faire entendre cette harmonie sévère de l'Océan. Si l'âme éprouvée, habituée à ces concerts qui émeuvent, se complaît dans leurs bruits, combien ces natures frêles qui se plaisent dans le silence doivent ressentir d'émotions à ces sons étranges que les vibrations de l'air produisent lorsque la mer commence à s'agiter.

Don José paraissait être tout à fait au commandement, et pourtant il songeait à Bianca; il redoutait pour elle le balancement précipité du navire et tous ces sourds gémissements des flots; s'il veillait aux manœuvres qui conjuraient le danger, sa pensée veillait aussi sur le sort de la fille de Dona Carmen, qu'il ne pouvait oublier.

Le sifflet aigu du maître retentit; à ce signal les matelots montent rapidement sur les vergues et attachent les voiles et les agrès; le vent, plus libre dans son cours, fait vibrer les cordages en modulant ses sons; mais il passe, et le navire, dégagé de ses étreintes, redoute moins la vague qui le poursuit.

La lune apparaît; à cet heureux présage Don José sourit; il sourit au danger qui s'éloigne, non pour lui, mais pour les passagers, pour les matelots, qu'il aime, et sans doute aussi pour cette jeune fille dont l'innocence et la candeur l'ont séduit.

Le jour, par sa clarté sublime, vint dissiper les craintes de Don José. Le soleil se montra d'une beauté sans mélange; pas un nuage ne passait sur son disque, et le fluide électrique dorait entièrement la cîme des vagues que le courant limpide entraînait avec lui.

Enfin, mon fils, je vais dérober à tes regards tous ces jours de tendresse. Cet amour qui est le partage des cœurs bons et sensibles unissait Don José et Bianca : ils s'aimaient. Dona Carmen consentait à leur union, et elle devait se célébrer à Barcelone, où le *San-Fernando* se rendait.

Un de ces soirs qu'ils passaient si souvent ensemble, Dona Carmen et le docteur, Don José et Bianca étaient réunis à l'arrière du bâtiment; ils se réjouissaient de sa marche rapide, circonstance toute favorable à leurs désirs. En ce moment deux hirondelles vinrent s'abattre près d'eux sur des cordages : la fatigue les avait contraintes à chercher un refuge sur ce navire. L'une d'elles, plus délicate dans les formes, paraissait la plus fatiguée; l'autre l'entourait de soins attentifs et semblait vouloir partager ses souffrances ou du moins les alléger. C'était le symbole affectueux qui lie tous les êtres sur cette terre; c'était, mon fils, l'expression d'un ineffable attachement.

Don José, qui avait porté toutes ses pensées sur le seul objet qui étreignait son cœur, sentit à cette vue touchante de l'amour, que la contraction de son cerveau se détendait un peu; il revint au sentiment de sa position, l'idée fictive fit place à l'idée réelle, et il tressaillit en s'apercevant que la main de son amie était serrée dans la sienne.

Bianca, à ce doux et simple spectacle que la nature lui offrait, pencha sa tête sur l'épaule de Don José, et par une légère pression de sa main traduisit l'état de son âme. Pas un des deux n'osait rompre le silence tant l'émotion produite avait de sensations; leurs idées étaient douces, et les images que leurs fronts recélaient en ce moment leur donnaient ce bonheur simple que la pensée du vieil âge aime encore à retrouver dans ses souvenirs.

Don José donna à Bianca un de ces anneaux que vous nommez alliance, en mémoire du jour où s'était faite la promesse de leur union. Son radieux regard, par les reflets qu'il projetait, semblait lui dire : tu es ma perle de Castille, rayonnante de beautés.

Et Bianca lui dit de sa voix enivrante, en montrant l'espace liquide qui était devant eux : elle est bonne cette mer, comme ses vagues se balancent; elles impriment à notre navire une marche molle qui berce nos promesses. Oh! oui, l'Océan nous aime en nous favorisant ainsi avec tant de beauté.

— O Bianca! que l'existence est belle quand la flamme de deux cœurs s'alimente au même foyer, à ce foyer subtil qui embrase l'univers! et si le fluide qui l'anime se transforme encore pour nous, il résulte de ses feux le plus pur sentiment; l'amour alors, ô ma Bianca, n'est plus le résultat d'une pensée éphémère : ce n'est plus de l'illusion, c'est la réalité du bien-être dans ce qu'il a de plus parfait.

— Je comprends, ô mon ami, toute l'expression de tes pensées; elles répandent dans tout mon être cette flamme brûlante, et je crois mieux saisir cette sublime harmonie que la voûte du ciel traduit si bien par tous ses globes de feux. Ces belles étoiles qui scintillent dans l'espace ne sont-elles pas l'expression de l'union céleste, et si à ce beau spectacle que m'offre la nature j'y joins ce que tu confies à mon cœur, je reste toute confuse du sentiment qui naît de cela. L'homme sait créer de ces expressions qui inspirent l'amour, et la femme, vois-tu, sensible à de si douces paroles, dans la simplicité de son cœur croit à leur vérité.

— Que ne puis-je, chère Bianca, te faire encore mieux comprendre toute la sincérité du sentiment que tu m'inspires! que ne puis-je t'ouvrir mon âme : tu la verrais si dévouée; tu verrais cette flamme enlacer dans mon cœur ce qu'il y a de plus sublime! O sainte amitié, tu dois survivre à l'union de deux cœurs généreux; ta flamme est si pure qu'elle doit tendre à l'immortalité! Chère Bianca, mon amour pour toi me suivra dans la tombe!

— J'accepte ton serment, Don José; j'ignore ce que me réserve l'avenir et n'y veux point songer : le moment présent est si beau!

Don José et Bianca, plongés dans l'extase de leur tendresse, oubliaient le monde : cette situation donne toujours du bonheur !

Les cieux étaient purs, la mer, comme un volcan, laissait évaporer les gaz électriques qu'elle renferme dans son sein.

Oh ! Don José, lui dit Bianca, quelle chose admirable ! Comme ces vagues se transforment dans la nuit pour nous montrer l'éclat de leurs feux ! La mer, par ces effets surprenants, accomplit donc de Dieu les mystérieux décrets. Je le vois, dans l'univers tout est marqué avec sagesse, et moi, pauvre fille, mon intelligence me révèle pourtant l'admirable travail qui s'accomplit sous nos yeux.

— Bianca, ce phénomène souvent se renouvelle, c'est une loi de la nature. Il arrive qu'à la suite d'une belle journée, ces feux n'étant plus attirés par l'astre du jour apparaissent sur la vague, ils volent sur les eaux et donnent lieu à ce spectacle dont nos yeux sont surpris.

— Dieu est bon, reprit Bianca, puisqu'il se manifeste

à nous jusque dans les moindres détails; l'aimer, c'est la première loi, et, en admirant ses œuvres, on l'aime.

Mais tout-à-coup Don José frissonna, son expérience lui fit présager un nouveau danger à affronter, il venait d'apercevoir cette lueur blafarde qui est toujours le précurseur de quelque choc électrique.

L'horizon s'illumina subitement; les nuages s'amassèrent, le vent devint plus froid, et c'est dans cette circonstance que le *San-Fernando* s'engagea dans le détroit de Gibraltar.

Tous les passagers se réfugièrent dans l'entrepont. Le docteur, Dona Carmen et Bianca étaient encore près du capitaine; mais lui, tout entier au service, prit la main de la jeune Castillane, qui, toute émue à l'aspect du ciel qui se couvrit subitement d'un voile sombre, se laissa conduire et put regagner la chambre qu'elle habitait avec Dona Carmen.

XI

SUITE DE LA RUINE DU PIRATE.

Si-Ben-Kassem réfléchit quelque temps avant de continuer l'épisode de la ruine du pirate, et après avoir de nouveau rassemblé ses souvenirs, il reprit ainsi :

Don José vola immédiatement sur le pont pour diriger lui-même la marche du navire ; les mâts se courbaient, le bâtiment s'agitait sous la pression du vent qui soufflait avec violence, des voiles furent serrées; mais les matelots avaient beaucoup de peine à se maintenir dans les manœuvres, ils s'y cramponnaient avec audace et courage : les ordres de Don José leur arrivaient transmis par le porte-voix, et ces sons de la voix humaine avaient quelque chose d'étrange en venant se mêler aux bruits confus répandus dans le ciel. Le commandement était précis ; il traduisait l'assurance du chef : c'est qu'aussi dans ces moments terribles on a besoin de sang-froid et de toute son intelligence pour pouvoir commander.

La vague grossissait en grondant, et l'éclair, en répandant sa flamme, jetait une vive clarté dans le ciel ; le navire s'illuminait subitement puis rentrait dans la sombre obscurité produite par l'orage. Le vent augmenta encore de violence, et c'était avec les plus grands efforts que l'équipage empêchait le *San-Fernando* de sombrer.

Ce moment était des plus critiques, et Don José ne put dissimuler son effroi en voyant que le navire était poussé vers les côtes d'Afrique. Le docteur, qui suivait tous ses mouvements, devina sa pensée : L'orage nous poursuit, et nous allons au-devant des pirates, lui dit-il en s'approchant de lui.

— Silence! lui répondit Don José en lui serrant fortement la main.

La foudre vint s'abattre dans les eaux près du pont, et les matelots consternés voyaient que, malgré leurs courageux efforts, le navire marchait à sa perte : le naufrage était imminent et l'esclavage la plus triste des certitudes.

Le jour vint, mais obscur ; tout le monde avec anxiété interrogea l'horizon. Cet examen porta le découragement parmi l'équipage : la côte d'Afrique se voyait au loin avec toute sa nudité.

Bianca apparut alors, elle était vêtue de blanc, une pâleur glaciale enlaçait son front; c'est un de ces moments, mon fils, que je ne puis te décrire. Tous les cœurs parlaient seuls par l'agitation qui les soulevait. La présence de la fiancée de leur capitaine ranima les matelots, tous voulurent la sauver du sort affreux qui l'attendait.

La mer devenait moins furieuse, et le vent parcourait ces degrés qui le font descendre peu à peu du souffle volcanique au souffle bienfaisant.

Don José voulut profiter de cette heureuse circonstance pour diriger le navire vers la côte d'Espagne; mais on voyait au loin sur la mer comme un petit nuage qui s'avançait avec rapidité. Le capitaine prit sa longue vue, et quelques instants après il cria à ses matelots : Courage, mes enfants, voici les pirates africains! Le branle-bas du combat a lieu; chaque homme apporte sur le pont des piques, des pistolets, des haches d'abordage; tous les préparatifs de la destruction se font à la hâte, on visite les canons; mais, avant que chaque marin se rende à son poste, où il doit vaincre ou mourir, Don José veut leur parler :

Mes amis, leur dit-il, il nous faut du courage; nous ne pouvons éviter ces farouches soldats qui viennent nous combattre; que chacun de vous se défende avec intelligence; que pas un coup ne soit donné qu'il ne porte avec justesse; le sang-froid doit toujours dominer dans nos luttes à la mer, il est préférable à la fureur qui frappe sans pouvoir discerner.

Bianca écoutait le capitaine; on voyait ses yeux briller d'une étincelle, c'était l'éclat fiévreux que fait jaillir toute circonstance suprême. Puis, s'agenouillant, elle s'écria : O mon Dieu! sauvez-nous de ces hommes qui vendent l'humanité!

Don José, en analysant ses forces, vit qu'elles ne pourraient résister au nombre d'hommes qui s'approchaient. Les Africains qui montaient ces barques légères commençaient déjà à pousser leurs cris d'abordage, et cependant un certain espace leur restait encore à parcourir.

Don José, sous l'impression que la marche rapide des forbans lui donnait, regarda son équipage et s'écria pour la dernière fois : Je suis votre capitaine, vous êtes tous Espagnols, écoutez donc la voix de l'honneur! La patrie peut nous sourire encore, ne désespérons pas de nos destinées. L'Espagne, voyez-vous, a toujours à venger le sang pur de ses fils que les Maures sont venus autrefois égorger. Les voyez-vous qui avancent? ce sont aussi des Maures, il faut qu'on les immole.

Un frisson électrique animait tous ces braves, et, à la vue d'un ennemi redoutable qu'ils ne pouvaient éviter, ils jurèrent tous de périr plutôt que de se rendre. Pendant ce temps les Arabes, qui avaient fait force de rames, se trouvèrent près du navire. A ce moment décisif, le capitaine Don José fit gronder le tonnerre éclatant de la guerre; un feu mâle et nourri s'engagea des deux lignes. L'Espagnol fit pleuvoir la mort dans les rangs des pirates, mais elle était tout aussitôt renvoyée de leurs navires : l'échange était terrible; Don José se multipliait, et son courage invincible avait passé dans le cœur de ses matelots.

L'abordage, où la lutte corps à corps n'est plus à éviter, eut lieu subitement par trois côtés à la fois. Don José, avec un petit nombre de braves, s'élança sur la dunette, où la pauvre Bianca n'avait cessé de rester; elle voulait, par sa présence, soutenir le courage de son époux, aussi ce courage indomptable grandissait avec le danger.

On voyait de part et d'autre porter des coups affreux. Ce petit nombre d'Espagnols faisait des prodiges de valeur, et la mort, à chaque instant partant de leurs carabines, terrassait un ennemi qui se croyait vainqueur. Les pirates, quoique plus nombreux, devant une telle résistance se trouvèrent effrayés, ils plient; déjà plusieurs d'entre eux ont repassé dans leurs navires; les

Espagnols qui entourent Don José sont vainqueurs ; ils poursuivent leur ennemi, ils vont triompher. Bianca se jette éperdue dans les bras du docteur, le triste sort de la guerre ne l'atteindra pas, elle sera sauvée !...

A ce moment une voix terrible fixe à leur place les forbans étonnés. C'est leur chef qui, plus hardi, crie aux Espagnols surpris : Rendez-vous prisonniers pour éviter la mort! Ces paroles ranimèrent les pirates effrayés : leur chef est donc vainqueur ; ils n'en peuvent douter ; imposerait-il des conditions, s'il n'était victorieux? Ils reprennent courage et recommencent ce combat acharné. Alors une lutte affreuse et qui fait peine à décrire s'engage de nouveau sur le pont du *San-Fernando*.

Le capitaine Don José se trouvait entouré par trois Arabes à la fois, sa défense héroïque était toute majestueuse ; il s'était adossé au petit escalier qui conduisait où était Bianca, et l'image chérie de son amante le soutenait encore. Il étendit deux de ses adversaires au moment où ils se précipitaient sur lui, mais le troisième profita de ce coup terrible qui avait fait chanceler ce héros espagnol, pour lui plonger dans la poitrine son arme ensanglantée.

Un cri douloureux marqua cet horrible moment, c'était Bianca qui l'avait jeté ; elle avait suivi toutes les péripéties de ce combat affreux, et elle arriva à temps pour recevoir dans ses bras le malheureux Don José. Il était expirant, mais son regard put encore considérer avec amour sa belle fiancée.

Bianca, par un mouvement nerveux, saisit le pistolet que le capitaine venait d'abandonner, ajusta le Maure qui s'approchait pour la saisir, et l'étendit à ses pieds ; puis, jetant cette arme, elle prit celle du pirate qui se débattait dans les convulsions d'une mort violente ; car, à ce moment fatal qui venait de la frapper d'un malheur irréparable, une idée de vengeance semblable à l'éclair avait traversé sa pensée.

Un silence glacial régnait sur le *San-Fernando;* tout l'équipage avait succombé, le docteur seul avait été fait prisonnier et conduit à la côte.

Le chef de ces forbans allait donner le signal du pillage lorsqu'il aperçut Bianca. Il est frappé de sa beauté ; il subit cet empire qu'elle exerçait sur tous ceux qui l'approchaient : Que l'on respecte cette femme, dit-il, je me la réserve !

Puis, s'adressant à Bianca : Ne crains rien, lui dit-il en espagnol, tu seras ma maîtresse adorée, car tu offres à mes yeux surpris les charmes que mes rêves avaient pu seuls concevoir.

Bianca l'écoutait avec cette noble fierté que donne une ferme résolution : Tes paroles, lui dit-elle, me font pitié; seule maintenant je commande sur ce navire; vois, les poudres sont à mes pieds, ma main est armée, comprends enfin que je ne te crains pas.

Les Maures en ce moment maudissaient leur destin; devaient-ils donc succomber sous la menace d'une femme! Ils l'ont bien comprise, elle peut d'un geste rapide tout détruire en un instant; ils s'arrêtent effrayés et regardent leur chef.

Mais lui, altier dans son caractère, habitué à cette obéissance servile qui ne connaît pas la résistance, il ne peut apprécier tout ce qu'il y a d'énergie dans le cœur de Bianca. Cette énergie, elle la puise dans le souvenir de sa mère, qui n'est plus! dans le souvenir de son époux, qui a péri en la défendant! Peut-elle survivre à ces êtres qu'elle chérissait? Mais lui ne voit que l'hésitation de ses soldats; l'héroïsme de cette jeune fille lui semble de la folie, et, de cette voix qui sut toujours émouvoir, il s'écria : C'est à toi de trembler, ces poudres qui paraissent faire ta force, je les ai fait enlever pendant le combat! Allez, reprit-il, saisissez cette femme!

Mais Bianca sourit ironiquement à cet ordre, car elle connaissait les dispositions qu'avait prises Don José en établissant de l'endroit où elle se trouvait une traînée de poudre qui allait jusqu'à la sainte-barbe.

Le chef des Maures, surpris de tant d'assurance, veut connaître sur quoi elle se fonde; il arrête ses soldats qui allaient lui obéir, et il a recours à la ruse :

— Je suis dans le combat quelquefois bien cruel, mais je ne pourrais rendre esclave une aussi belle fille que toi; viens avec moi, j'embellirai ton existence, des jours heureux et tranquilles te sont réservés.

— Me rendras-tu ma mère et mon époux que tu as massacrés?

— Oublie le souvenir d'un passé malheureux; réfléchis, jeune fille, je commande ici; dis un seul mot, et c'est ta délivrance.

— Tes paroles dans mon cœur n'y font entrer que la haine. Je préfère mourir!

Le chef des pirates ne peut plus maîtriser son impatience, il veut Bianca, il veut être obéi.

Au moment où ces farouches soldats vont enfin exécuter les ordres de leur chef, Bianca semblait prier en regardant le ciel, on aurait dit un ange qui allait prendre son essor; elle offrait sans doute à Dieu sa vie de chasteté.

Tout-à-coup une horrible détonation se fit entendre : le *San-Fernando* venait de sauter, et de la perle de la Castille il ne restait plus que le souvenir!..........

Si-Ben-Kassem ajouta : cet ancien soldat turc que tu as vu au pied des ruines faisait partie de cette expédition; il fut du petit nombre de ceux qui ont pu se sauver en s'attachant à des débris du navire pour regagner la côte.

Cette fin terrible du *San-Fernando* a laissé dans les souvenirs de cet homme des moments d'hallucination qui reviennent périodiquement, et, lorsque son cerveau est surexcité, il se croit encore sur le pont du bâtiment.

Alors ses gestes deviennent saccadés, sa parole est incohérente et traduit l'impression de terreur dont il a été frappé.

C'est en face de cette ruine, à une lieue de la côte, que s'est passé le triste événement dont je viens de te parler, et c'est dans ce petit fort que le docteur fut conduit comme esclave. Deux années après j'eus occasion de le voir et de connaître ses malheurs.

— C'est donc lui qui est l'Espagnol dont tu m'as parlé au commencement de ton récit?

— Oui, c'est lui. Sa position d'esclave fut adoucie par son savoir comme médecin. Il fut de suite apprécié des habitants de ce pays, et ils ont eu pour lui beaucoup de soins, mais il regrettait toujours la perte de sa liberté. J'ai contribué à lui faire rendre ce bien précieux, et c'est un de mes beaux souvenirs.

— Tu m'as assombri les idées, Si-Ben-Kassem, et je ne sais ce que j'éprouve en ce moment au souvenir des ombres que tu viens d'évoquer. Pauvre Don José, intéressante Bianca, quelle mort affreuse vous a été réservée par ce déplorable abus de la piraterie!

— Que de navires ont disparu ainsi et dont le triste sort a toujours été ignoré! me dit Si-Ben-Kassem.

— Les nations doivent s'applaudir de notre conquête, lui répondis-je, puisqu'elle a eu pour effet d'arrêter pour jamais ces scènes sanglantes et cruelles qui ont si souvent attristé l'humanité.

— Tu connais mes sentiments, me dit mon vieil ami, ils t'approuvent. Les bienfaits qui résulteront pour mon peuple de la civilisation que vous lui avez apportée seront plus durables et plus en harmonie avec les belles idées qui dirigent les nations modernes, et dans tous ces grands événements j'y vois le doigt de Dieu.

— Ta réflexion, Si-Ben-Kassem, détruit un peu cette impression désagréable que ton récit avait produite dans mon esprit. Oui, ton peuple appréciera un jour tous les résultats heureux qui surgiront sous l'égide protectrice de nos lois. Cet ancien soldat, ce malheureux que la raison abandonne par moment, s'il lui est donné de comparer les temps, ne doit-il pas reconnaître qu'un changement immense s'opère tous les jours pour la prospérité de son pays? S'il n'a plus ces gains qu'il tenait de ses rapines, de même il n'a plus ces maîtres irascibles qui punissaient par les chaînes de l'esclavage ou par une mort rapide le moindre refus. La vue de ses compatriotes heureux et tranquilles sous le gouvernement protecteur de la France doit nécessairement parler à son cœur; car, au lieu de rencontrer une milice impitoyable bâtonnant des esclaves et rançonnant les habitants à merci, il voit des soldats paisibles protégeant sa nation et dont la présence seule est déjà un motif de sécurité. Quel que soit d'ailleurs l'objet de ses pensées, quelles que soient aussi celles qui agitent ceux de tes compatriotes timidement ralliés à notre cause, la France marche et imprime en un jour sur ce pays les bienfaits séculaires produits par l'enfantement de l'esprit humain. Une nouvelle génération se lève et couvrira sans retour ces dissidences puisées dans quelques souvenirs, mais qui disparaîtront devant le bien-être produit par l'occupation française.

— Oui, mon fils, le changement est immense et, crois-le bien, beaucoup de chefs arabes ont déjà compris tous les avantages qu'il y a pour eux à se rallier sincèrement à votre noble cause qui est également la leur par les résultats qu'elle leur donne.

Leur autorité se trouve raffermie; le principe du

commandement que les Arabes apprécient reçoit une nouvelle consécration par l'appareil militaire dont vous l'entourez, et lorsque vous conviez ces chefs, c'est pour assister à des fêtes ; ils peuvent y déployer tout ce luxe de chevaux et d'armes auquel ils attachent une si grande importance.

Qu'il y a loin de cette manière de procéder, inspirée par votre esprit chevaleresque, à celle des anciens beys, qu'une jalousie sordide et farouche poussait toujours aux mesures extrêmes et fatales !

XII

LA CROYANCE

Le temps que nous devions passer à Mostaganem étant expiré, Si-Ben-Kassem me proposa de prendre le bateau à vapeur qui fait le service des dépêches, afin d'accélérer notre retour à Oran.

J'acceptai, et le négro revint par terre avec les chevaux et la mule, en suivant le même chemin que nous avions déjà parcouru.

Notre voyage par mer s'accomplit sans aucun incident, et le trajet de Mostaganem à Oran s'effectua fort rapidement. Nous revîmes Arzeu pendant que l'on déposait à terre une famille arabe qui revenait de la Mecque. Il y avait encore à bord d'autres Arabes qui se rendaient à Oran et qui avaient également fait ce pèlerinage obligatoire pour tout musulman : visiter le tombeau du Prophète.

Le Gouvernement français favorise ces pèlerinages des indigènes, et dans ces circonstances encore comme dans beaucoup d'autres où il s'agit de leur croyance religieuse, des mesures sages ont été prises par lui pour rassurer tous ces enfants d'Ismaël.

J'examinai avec curiosité ces pèlerins ; ils étaient groupés en cercle sur le pont. Je me plaçai auprès de l'un d'eux et le priai de me laisser faire son portrait ; il y consentit avec plaisir.

Ce sont en général des hommes un peu âgés qui entreprennent cette longue pérégrination à travers l'Orient pour obéir à l'une des prescriptions du Coran. Tous les musulmans ne peuvent cependant satisfaire à cette prescription de Mahomet : ce n'est que parmi les chefs ou parmi les familles aisées que se recrutent ces pèlerins, et s'il y a des exceptions à cette règle, elles sont en minorité. Quelques Arabes cependant accomplissent ce voyage au moyen de secours qui leur sont donnés; mais c'est particulièrement à la prière que ce peuple a recours pour satisfaire le Prophète : cinq fois par jour il s'agenouille en se tournant vers l'Orient, dans la direction des deux villes auxquelles Mahomet a attaché une certaine consécration, la Mecque et Médine, son berceau et sa tombe.

Le spectacle de ce peuple fidèle à sa croyance et accomplissant l'acte de la prière, n'importe en quel endroit où il se trouve, avec sa gravité habituelle, a quelque chose qui surprend le voyageur européen qui voit pour la première fois cette pratique religieuse. Ce n'est pas toujours dans les mosquées que s'accomplit cet acte ponctuellement observé; j'ai vu à Oran et à Mostaganem, pendant les belles journées de l'année, le matin et le soir, des musulmans faire la prière sur les terrasses de leurs maisons. Lorsque vous habitez un endroit élevé, vous pouvez les voir se courbant et se relevant, étendre les bras horizontalement, les croiser sur la poitrine, se baisser, puis baiser la poussière du sol. Quelques-uns y étendent des tapis, et vous voyez toute une famille s'y réunir, excepté les femmes : jamais on ne voit les femmes dans les mosquées, ni faire leur prière sur les terrasses ; il est présumable qu'elles remplissent ce devoir religieux dans l'intérieur de leur appartement.

Il y avait aussi à bord une famille israélite qui revenait de Jérusalem. Pour les enfants de la croyance de Moïse, Jérusalem est toujours la ville de leur plus chère prédilection ; elle rappelle à leur souvenir leur antique gloire et toutes les phases de cette grande histoire religieuse, l'histoire la plus philosophique qu'il soit donné aux hommes de méditer pour la persévérance qui a toujours dominé parmi les enfants d'Abraham, malgré tous leurs malheurs.

C'est aussi avec le patronage du Gouvernement français que ces voyages s'effectuent. Des bâtiments de l'État sont frétés tout exprès pour transporter les pèlerins de l'une et de l'autre religion qui se rendent soit à la Mecque, soit à Jérusalem.

Si-Ben-Kassem était silencieux, et sans doute la vue

de ces pèlerins lui inspirait quelques pensées philosophiques ainsi qu'il sait si bien les concevoir.

— Que penses-tu de cela? lui dis-je.

— Les convictions profondes plaisent toujours à l'esprit et au cœur.

— N'est-ce pas une belle chose, ajoutai-je, que la vue d'actes religieux, lorsqu'ils sont observés dans la mesure de sagesse qu'ils demandent?

— La sincérité est un don parfait, elle devrait faire naître la confiance, me répondit-il, et ce qui peut le plus exciter l'étonnement, c'est de voir que les hommes qui trouvent tant d'union pour l'accomplissement de certains travaux intellectuels, cessent de se comprendre lorsqu'il s'agit d'honorer l'Éternel.

— Ne penses-tu pas qu'il y a quelque chose de surprenant dans cette religion de Moïse qui a traversé les siècles pour venir jusqu'à nous? Ne te semble-t-il pas qu'elle doive résister aux chocs des discussions humaines?

— La religion de Moïse, mon fils, est un rocher contre lequel sont venues se heurter, puis se briser, toutes les erreurs des temps anciens. Jésus, avec le baume divin de sa charité, a soudé sur ce roc la plus douce philosophie et la plus consolante espérance : voilà, mon fils, ce qui ne peut périr, voilà ce qui durera jusqu'à la fin des temps !

Cette interprétation de la loi de Moïse par Si-Ben-Kassem me fit désirer bien vivement de connaître d'une manière positive toute la croyance religieuse de mon vieil ami ; mais nous arrivions dans ce moment à Mers-el-Kébir, et je remis à une autre occasion la demande que je voulais lui faire à ce sujet.

J'étais à Oran depuis huit jours ; j'avais revu avec plaisir tous les endroits que j'affectionnais dans les environs de cette ville, et le marabout sur la hauteur du Santon était le seul lieu qu'il me restait à visiter.

Depuis que je savais que mon compatriote Horem repose non loin de ce petit marabout, mon désir de retourner dans cet endroit était devenu plus vif, et mon vieil ami lui-même m'avait parlé de cette nouvelle excursion ; il me désigna un jour pour l'entreprendre, et j'attendis ce moment avec impatience.

Le jour que Si-Ben-Kassem m'avait fixé pour nous revoir à la montagne du Santon arriva enfin, je m'empressai de me rendre dans ces lieux solitaires.

Je m'arrêtai au col pour jeter un coup-d'œil sur le beau panorama que m'offrait, comme toujours, la rade de Mers-el-Kébir. Je retrouvai le même effet de soleil et de perspective qui me frappèrent la première fois. Pour mieux considérer et juger de l'ensemble de cette belle vue, je m'assis sur un pierre, à l'entrée d'une petite caverne, le refuge de quelque chacal.

Après quelques moments passés ainsi dans la contemplation, je me levai et continuai ma route.

Arrivé au sommet du Santon, je vis Si-Ben-Kassem qui sortait du marabout; en m'apercevant il vint à ma rencontre.

Nous parcourûmes tout le versant occidental, rempli de vastes pacages, où l'on voyait un grand nombre de bestiaux sous la conduite de jeunes Arabes ou de pâtres espagnols. Sur un des plateaux que nous visitions, les Arabes ont creusé le sol pour contenir les eaux pluviales, afin de servir d'abreuvoir.

Il y a en cet endroit une production de jeunes arbustes qui offrent des fourrés assez épais pour y cacher des perdrix rouges et quelques lièvres timides. Nous vîmes au loin des officiers de marine qui s'amusaient à chasser.

Cette partie de la montagne se présentait à moi sous un aspect plus utile que je ne l'aurais cru, et j'acquis une nouvelle certitude des ressources que ce pays offrirait à une population active et décidée.

Si-Ben-Kassem appela mon attention sur de jeunes caroubiers, dont le fruit, d'une saveur sucrée, a quelque chose d'agréable au goût.

Dans ces montagnes, ils se reproduisent sans culture, par le seul concours des brises qui se chargent de semer la graine.

L'Arabe ne néglige pas cette ressource précieuse que lui offre la nature, et il sait s'en servir au besoin. Les Espagnols eux-mêmes en font une boisson fermentée qui a quelque analogie avec l'hydromel.

Nous aperçûmes au loin des tentes d'Arabes sur un

versant éclairé par le soleil. Leurs chevaux avaient des entraves et cherchaient leur nourriture sous la garde de jeunes enfants de cette tribu nomade.

Nous nous arrêtions à chaque endroit qui m'offrait de l'intérêt, et mon vieil ami me racontait les traditions du pays. Sa conversation, comme toujours, était variée, elle me plaisait par sa simplicité, et pourtant, dans les moments les plus expansifs, Si-Ben-Kassem n'exclut pas une certaine poésie dans les expressions qu'il a le secret de trouver. C'est qu'aussi la langue arabe se prête merveilleusement pour frapper l'imagination de vives images, et mon vieil ami introduit le génie de cette langue dans les descriptions qu'il me fait en français.

Nous revînmes au marabout, et, en entrant dans l'enceinte réservée, je vis Si-Ben-Kassem s'agenouiller et prier sans doute en mémoire de son ami inhumé en ce lieu. Je remarquai qu'il ne pratiquait pas les génuflexions en usage parmi les mahométans. Ses discours, sa morale, tout me revint en ce moment.

Je saisis cette circonstance pour sonder de nouveau ses sentiments religieux, lesquels s'écartaient sensiblement des croyances de ses compatriotes.

Les impressions de notre jeune âge se modifient dans le commerce des hommes, et les lectures philosophiques amènent peu à peu un changement dans nos idées. L'homme de l'âge mûr ne pense plus comme l'adolescent; la vieillesse elle-même a son jugement qui lui est propre, et quand ce jugement est le résultat de l'expérience, corroboré par une instruction solide, nuancé par une religion bien entendue dans toute l'acception de ce mot, c'est-à-dire avec l'abnégation qu'elle comporte, l'indulgence qu'elle enseigne, l'humilité qu'elle demande, oh! alors la vieillesse est bien aimable!

En jetant les yeux sur Si-Ben-Kassem, il me sembla voir le type du vieillard que je venais d'analyser dans ma pensée, et lorsqu'il eut terminé sa prière, je lui exprimai le désir que j'avais depuis longtemps de connaître toutes ses idées sur la croyance religieuse de son ami Horem, croyance, lui dis-je, qui me semble être ta règle de conduite.

Ne sens-tu pas, ajoutai-je, qu'il y a plus que du hasard dans notre rencontre? Je regarde comme providentielle l'idée qui m'a conduit la première fois à explorer cette montagne du Santon; c'est à cela que je dois de t'avoir connu, et n'es-tu pas aussi heureux que moi de l'échange de notre bonne et franche amitié?

— Oui, mon fils, je suis heureux de t'avoir rencontré. La Providence, en nous réunissant, me permet enfin d'exprimer ma pensée tout entière, et de laisser échapper le secret que je garde depuis si longtemps.

Au milieu de ces hommes aux folles croyances, que j'ai souffert en renfermant dans mon cœur ce qu'ils ne peuvent comprendre de l'existence de Dieu! Cette flamme pure, émanation de la Divinité, ils ne la sentent pas en eux. Leurs prêtres, vois-tu, ne boivent pas à la source sublime, de là est né l'égarement qui aveugle ma nation.

Cependant je vis au milieu de mes compatriotes en respectant leurs idées religieuses, mais jamais aucun épanchement ne vient me soulager.

Pourquoi leur parlerai-je de mes convictions? ils ne me comprendraient pas.

Le Dieu que j'ai appris à connaître et que j'adore

brille à mes yeux de la plus pure des lumières; le leur, ils l'entourent de mystères et d'ombres : leurs fanatiques superstitions les a entraînés de l'égarement à un complet aveuglement.

Ils osent, ô mon fils, mêler l'Éternel avec ce qu'ils appellent leurs talismans! Malheureusement, je sais que ces fautes sont communes chez bien des peuples : beaucoup ont confondu la Divinité avec la matière.

Si-Ben-Kassem, que j'avais vu jusqu'alors si réservé, venait tout-à-coup de me dévoiler ses plus secrètes pensées; il était remarquable dans l'exposé de ses idées religieuses, il était vraiment chrétien par le cœur. S'il n'exprimait pas la doctrine comme nous l'avons apprise, il n'en concevait pas moins son principe divin; elle se transformait en une morale si pure, qu'elle rappelait les premiers temps de la chrétienté.

En le voyant si fraternellement expansif, je lui fis plusieurs autres questions sur cet intéressant sujet.

Voici sa réponse, je cite textuellement :

— Les événements les plus reculés, comme ceux qui

s'accomplissent journellement, ont une portée immense sur la destinée des hommes, et ceux qui contribuent le plus à la diriger sont suscités par la volonté de l'Éternel.

L'ordre de l'univers est ainsi réglé.

La récompense comme le châtiment se déverse tour à tour : ce sont de grands enseignements.

Heureux les peuples qui les comprennent !

Les hommes, vois-tu, tour à tour aussi naissent et se succèdent. Tous possèdent cette flamme céleste, qui se révèle en eux par des avertissements secrets, mais bien peu ont la faculté de pouvoir l'expliquer. Chacun la définit selon ses désirs ou sa propre volonté, résultat toujours infime, aboutissant inévitablement à des erreurs sans nombre.

Dieu pourtant est toujours la base de leurs plus beaux écrits, et les philosophes l'attestent aussi dans leurs ouvrages, seulement, comme ils s'ignorent eux-mêmes, que leur organisation intellectuelle est pour eux un mystère, les hypothèses infinies dans lesquelles ils s'égarent les amènent bientôt à délaisser les vrais préceptes de la saine raison.

Ils la cherchent cependant; ils n'hésitent point, dans l'espoir de la trouver, à puiser dans les livres les plus anciens du monde : ils n'y voient que les ombres des sages qui les ont médités.

Ce qui les occupe le plus depuis longtemps, c'est la divinité de Jésus, symbole de douceur la plus parfaite. Des écoles s'élevèrent pour chanter ses louanges; d'autres n'hésitèrent pas, dans leur erreur, à nier sa divinité. Pourtant les philosophes, si sûrs d'eux lorsqu'il s'agit de formuler ou de contester un fait scientifique, demeurent confondus en présence des résultats qu'a fait surgir la venue du Christ parmi les hommes.

L'espèce humaine doit être régénérée par sa morale; ils l'avouent, ils le reconnaissent avec joie, mais ils marquent d'un doigt réprobateur les scènes sanglantes qu'a suscitées la foi des différentes sectes chrétiennes, dont la mission était de se réunir et de se confondre dans un même sentiment : l'amour fraternel.

Ce jugement est sévère, et cependant je l'approuve;

car la philosophie, cette science qui a pour objet la connaissance des choses, veut chasser l'erreur en éclairant le cœur de l'homme, et, si elle fut quelquefois persécutée, c'est que l'on n'avait pas assez remarqué, quand elle s'inspire à la source d'où elle émane, combien elle a de belles maximes.

Je ne te parle pas de ces hommes, la honte de l'humanité, qui se parent du nom de philosophes et nient l'éternelle sagesse. Ils veulent démontrer qu'en nous tout est matière, qu'après notre mort nous retournons au néant, que Dieu ne se révèle ni par des avertissements, ni même par des remords, et que ces craintes chez certains hommes ne sont que les scrupules de leur éducation.

Eh bien, je vais dévoiler ma pensée tout entière en t'exposant ma croyance personnelle; elle me montre le chemin qui conduit au bonheur.

Il faut que je remonte pour cela dans les premiers temps où les hommes commencèrent à se rapprocher pour s'aider mutuellement, dans ces temps de ténèbres où la loi qui nous vient des prophètes commença à se répandre pour arriver de siècle en siècle jusqu'à nous.

C'est de ce moment notre première lumière : elle doit se perpétuer pour éclairer le monde. Mais passons rapidement pour arriver de suite à l'événement si remarquable qui a fondé d'une manière impérissable le plus bel édifice des croyances humaines par la venue de Jésus.

Vois, c'est une source qui a coulé plus ou moins pure depuis ces premiers temps dont je viens de te parler et qui s'est entièrement purifiée en lui.

Vois-le, avec sa sublime simplicité, achever l'œuvre sainte en montrant aux hommes la partie divine qu'ils ont en eux : c'est là ce qui le distingue si éminemment.

Etudions la nature de Jésus, analysons son être, que voyons-nous? Qu'il ne diffère en rien de ce dont nous sommes formés; qu'il a un corps charnel : comme lui nous le possédons.

Il a dans sa tête cette flamme céleste, et, d'après sa doctrine, il a deux organisations : l'âme corporelle ou l'esprit de la terre, et l'âme céleste ou le souffle divin.

Tout homme qui respire en a reçu également le don.

Mais là s'arrête cette similitude qui fait que tous les hommes sont enfants de Dieu.

Chez Jésus, la partie sainte est toujours dominante ; l'esprit de la terre est refoulé par lui ; il chasse ses pensées terrestres, ombres malfaisantes, qui veulent le priver de cette belle clarté, mais qui vainement viennent le tenter en lui montrant toutes les séductions périssables auxquelles les hommes sacrifient si imprudemment.

Jésus donne au monde entier la loi la plus sublime et raie de sa main toutes ces vieilles traditions qui ne sont que ténèbres et que l'on n'a jamais comprises. Il nous parle de ce souffle que nous ne connaissions pas ; il nous enseigne cette grande vérité de notre double nature ; il nous démontre que nous avons une ame corporelle, que la terre nous donne et qui est notre esprit ; puis il fixe notre attention sur l'ame divine qui diffère entièrement de l'âme corporelle, et qu'on a confondues jusqu'à ce jour l'une avec l'autre ou bien l'une pour l'autre.

C'est cette confusion qui a donné lieu à tant d'erreurs et qui a si mal inspiré quelques écrivains.

Parce qu'ils ne comprenaient pas, ils ont professé l'anathême !

Et voilà, mon fils, comment certains hommes méditent et jugent.

Mais Dieu, vois-tu, dans sa bonté infinie pour la créature qu'il a formée, a attaché une récompense à celui qui emploierait ses sensations au bien général de ses semblables. Avant de t'expliquer comment elle se réalisera, il faut te prouver, par un simple raisonnement, jusqu'à quel point peut être juste la pensée qui s'inspire de l'idée de Dieu !

L'esprit de la terre nous anime, nous reflétons par conséquent ce qu'il y a de mieux en elle, c'est-à-dire son essence. Mais comme nous sommes composés d'une partie de terre, nous subissons de même que les plantes, et sans nous en douter, les lois universelles.

Chaque saison alimente le sang dans nos veines, et à chaque printemps nous semblons rajeunir ; mais la terre, en ouvrant ses pores, exhale des vapeurs qui nous sont bonnes ou funestes, ces vapeurs glacent quelques-uns d'entre nous et réchauffent le plus grand nombre. Par ces avertissements, la terre nous fait comprendre que nous lui sommes soumis et que tôt ou tard nous finirons tous par succomber sous son influence.

Cette certitude de notre anéantissement a de quoi confondre, et elle serait désespérante si nous n'avions pour nous soutenir les préceptes si consolants du divin Jésus.

Oui! l'ame divine est l'Eternité répandue sur le monde! elle surveille nos actions, elle éclaire les ombres, elle perce les ténèbres, rien ne peut lui être caché : c'est enfin le livre de vie et de mort qui est écrit dans nos fronts!

Cependant, mon fils, et adorons en ceci les décrets de Dieu, ce souffle divin qui nous ennoblit ne se révèle qu'autant que nous rentrons en nous-mêmes, que nous reconnaissons et avouons nos erreurs. Le calme qui renaît en nous et la propension qui nous porte à faire le bien annoncent sa présence : il est seulement appréciable dans l'ordre moral.

Mais c'est l'esprit de la terre qui domine chez l'homme et dont la présence en lui est comprise seule par les sens. C'est à nous, pour mériter la récompense que Dieu nous a promise, à faire, par les plus grands efforts, que cet esprit qui tire son origine du limon impur, passe à l'état pur; c'est là le travail auquel Dieu a condamné l'homme dès les premiers temps.

Dieu le voulut ainsi, honorons sa puissance; aimons bien les humains, et n'oublions jamais, pour nous fortifier dans cette pensée, qu'ils sont la semence qui doit donner à Dieu les élus attendus! N'oublions jamais que le mal n'arrivera pas jusqu'à lui, qu'il lui faut la vertu, c'est-à-dire approcher par ses actes le plus possible de la charité et de l'amour que Jésus a eus pour l'humanité entière!

Tu parais étonné, mon fils, de m'entendre parler ainsi, et, aux larmes que je vois dans tes yeux, je reconnais avec plaisir que tes sentiments sont bons, que tu aimes le bien. Je le vois aussi, tu admets que, si l'on veut sincèrement parler de Dieu, il est toujours facile de trouver de nouvelles expressions pour le vénérer.

Oh! oui, ma croyance, quoique nouvelle pour toi, est ancienne comme le monde. Longtemps un voile épais m'a caché les beautés divines dont je viens de te parler; mais, par la révélation de Jésus, mon esprit terrestre, dégagé des idées qui l'obscurcissaient, m'a montré toute la grandeur de cette volonté suprême qui daigne nous élever ainsi jusqu'à elle.

Bientôt je quitterai cette terre qui semble déjà crouler sous mes pas ; cette pensée, loin de m'effrayer, me fait désirer le moment où cet esprit délaissera son enveloppe pour aller occuper la place plus ou moins éloignée de la béatitude céleste. Quels regrets pourrai-je laisser ici-bas, puisque, par ma croyance, je sais où est le vrai bonheur ?

Mais il est important, mon fils, de ne pas confondre l'âme divine avec l'esprit terrestre qui nous donne nos sensations.

J'ai lu dans beaucoup de livres que l'âme s'élève ; c'est une erreur de plus avec toutes celles qui ont été dites sur ce sujet. Je n'accepte pas ce mot : c'est l'esprit de la terre seul qui s'élève ; mais notre âme est trop grande, et la source d'où elle vient indique assez le vide de sens d'une semblable expression.

Le Créateur élève, mon fils, et ne peut être élevé.

Notre âme divine nous quitte lorsque vient à sonner

notre dernière heure ; elle emporte alors ou rejette l'esprit de la terre, âme corporelle des pauvres humains !

Si-Ben-Kassem, après quelques moments de réflexion, me dit encore :

La matière dont l'univers est formé se trouve dans les mêmes conditions que ces grains de sable que l'on jette dans un creuset pour en tirer un brillant cristal.

Dieu, en jetant la matière dans l'espace, lui a donné tous ces creusets qui sont chargés de purifier cet esprit qui anime, et, dans ce travail admirable de la transformation, l'homme étant le dernier être créé, il a la plus belle tâche à remplir. Ne reculons donc pas devant cette mission, mon fils ; évitons tout ce qui pourrait précipiter l'esprit terrestre dans les premières ténèbres, et cherchons sans cesse à le rapprocher de la céleste lumière.

En résumant ce que je t'ai dit sur la nature de l'homme, sur le travail auquel il est assujéti, cela t'explique ce point religieux de notre croyance qui nous enseigne que nos premiers parents furent condamnés, ainsi que leurs descendants, à gagner leur pain à la sueur de leur corps, c'est-à-dire, mon fils, à mériter le pain céleste par la transformation de l'esprit terrestre.

Lorsque cet esprit qui nous donne nos sensations nous pousse au mal, lorsqu'il domine les idées d'harmonie que nous puisons dans la nature, lorsqu'il vient nous flatter par nos passions, lesquelles, mon fils, déchaînent sur nous toutes les calamités physiques et les aberrations de nos pensées, oui, mon fils, nous n'avons pour lui résister qu'à écouter cette voix intérieure dont notre conscience a le sentiment; ce souffle divin se fait comprendre par le désir qui nous porte à fuir ces entraînements ou, si tu veux, à faire l'opposé du mal.

Ceci est le travail particulier dévolu à l'homme; mais Dieu voit l'ensemble, il veut la purification générale. Les pratiques religieuses sont particulières à chaque peuple, le développement intellectuel contribue à les simplifier; mais ce qui peut être commun chez les hommes, c'est leur union dans la charité, et par cet acte ils se rendent meilleurs, puisqu'ils aspirent à la perfection humaine : voilà l'harmonie générale que Dieu demande. Voilà pourquoi Jésus a recommandé aux hommes de vivre de cette vie de concorde et d'amour, les seules beautés morales qui doivent former ce milieu dans lequel l'humanité peut se régénérer.

Ce langage tout nouveau pour moi, cette manière de parler des beautés de notre croyance, interprétées suivant l'intelligence de Si-Ben-Kassem, me plongea dans une rêverie douce dans laquelle je me complaisais.

Je repassais dans mon imagination, une à une, toutes les propositions que je venais d'entendre. Tout me plaisait dans ce récit; aucune subtilité ne s'y fait remarquer; on sent dans les inductions qui s'enchaînent la droiture d'un cœur qui ignore l'art de feindre. Mon vieil ami exprime sans réticence ce qu'il dit être sa croyance, et, fier de sa confiance, je lui tendis la main.

Il comprit mon muet éloge, et, en souriant, il me montra le sentier du ravin pour me faire voir qu'il était temps de quitter le marabout.

Nous nous levâmes, et nous descendîmes en silence la montagne du Santon.

Si-Ben-Kassem me quitta et je revins chez moi en songeant à ce que venait de me dire mon vieil ami.

Eh bien ! mon cher Georges, comment comprends-tu cet exposé si simple et cependant d'une si haute philosophie ?

Crois-tu qu'il y ait dans ces pensées, éminemment religieuses, quelques réminiscences de la première éducation de notre ami, ou bien sont-elles le résumé de sa croyance personnelle, puisée dans une aspiration sublime ?

XIII

LES BAINS DE LA REINE

J'attendais Si-Ben-Kassem ; j'avais préparé pour lui plaire le café qu'il aime et le tabac parfumé que l'Algérie produit : j'étais seul, mais ma pensée était avec mon vieil ami.

Depuis qu'il m'a dévoilé sa croyance, l'amitié que

j'avais pour lui est devenue une affection toute filiale. Cette poésie qui anime ce beau vieillard, il l'a placée dans l'exposé de ses sentiments personnels que je ne puis m'empêcher d'admirer. L'essence terrestre qu'il sait si bien découvrir dans tous les objets qui nous entourent se retrouve dans ses idées religieuses avec la même puissance d'action, et de plus avec les déductions d'une philosophie douce en rapport avec cet ensemble si majestueux du monde créé.

Je faisais ces reflexions lorsque Si-Ben-Kassem annonça sa présence par la légèreté de ses pas, le frôlement de son burnous sur son haïk de Tunis, et une émanation de l'odeur du jasmin dont ses vêtements sont toujours légèrement imprégnés.

— Assieds-toi, lui dis-je, et accepte ce que j'ai préparé.

— J'ai quelques heures à te consacrer, me répondit-il, et, si tu le veux, nous irons visiter les bains de la Reine et la source chaude qui est en cet endroit.

— Je te suivrai avec plaisir, mais repose-toi un instant.

Si-Ben-Kassem se plaça sur un divan tout près de moi, alluma sa pipe et prit son café.

— Sais-tu pourquoi, lui demandai-je, on appelle l'endroit que nous allons visiter les Bains de la Reine?

— Ce nom lui a été donné par les Espagnols, les anciens possesseurs de cette contrée. On croit que c'est une reine d'Espagne qui est venue dans ce pays pour trouver quelques distractions aux ennuis que la grandeur de son rang lui donnait.

— On n'est donc pas sûr de cette tradition?

— Tout ce qui ne concernait pas directement les Arabes n'a pas été conservé par eux.

— Cependant, cette désignation de *Bains de la Reine* doit nécessairement se rattacher à quelques souvenirs.

— Nous avons dans ce pays plusieurs endroits dont les noms, consacrés par une longue habitude, échappent cependant à l'analyse de celui qui désire en connaître l'origine, cela provient des troubles continuels qui agitaient nos malheureuses tribus : elles n'ont pu rattacher les temps.

Un esprit inspiré par une idée poétique suffit pour rendre un lieu célèbre : les générations se transmettent les noms, et voilà souvent la seule origine possible à donner.

— Vous avez vos récits, dit-on, qui vous tiennent lieu de traditions. Sont-ils donc toujours exagérés dans les faits qu'ils rappellent?

— Ils le sont quelquefois. Dans votre Europe, où tout est pourtant classé avec soin, n'êtes-vous pas aussi parfois embarrassés pour préciser certains faits? Vous pouvez comprendre ceux qui vous sont contemporains; mais, si vous remontez dans les âges des nations, il y a des récits qui vous paraissent obscurs et que vous ne pourriez expliquer. L'Arabe, vois-tu, aime ce qui peut exalter son imagination, il a besoin, comme vous, d'un excitant pour tenir ses facultés à la hauteur des circonstances les plus difficiles. Il ne peut recourir à vos boissons fermentées, car, sur ce point, sa loi religieuse est précise, et l'Arabe s'y soumet. Mais l'homme a besoin d'un stimulant puisé dans la nature. L'Européen le trouve dans des boissons agréables, mais l'Arabe ne peut le chercher que dans la surexcitation de son cerveau : voilà pourquoi il aime ces récits qui exaltent.

Il lui faut des combats, il lui faut des amours achetés au prix de quelques périls, de ces amours qu'il va chercher dans quelques oasis placées au milieu de cet océan des sables; il faut à ma nation, je ne dirai pas un surcroît de fluide électrique, mais il lui faut toute la partie subtile de cet agent suprême : voilà pourquoi l'Arabe aime la poésie.

— La poésie est une chose admirable, lui dis-je, aussi l'appelons-nous la fille du ciel.

— Oui, elle console les hommes dans leurs malheurs.

— Elle fait plus, ajoutai-je, elle épure les sentiments de l'homme.

— Ce devrait être son rôle.

— Mais n'en est-il donc pas toujours ainsi?

— Non, mon fils.

— Tu me surprends par cette réponse, Si-Ben-Kassem ; comment, toi, un des fils de vos poètes, tu trouves que la poésie n'est pas toujours l'expression du beau ?

— Je ne te dis pas qu'elle n'est pas toujours l'expression du beau, elle est même ce que les hommes font de plus sublime ; je veux seulement te dire qu'elle s'écarte quelquefois de la vérité.

— Et comment cela ?

— Qui ne sait que les pensées fugitives qui inspirent le poète ne sont souvent que le fruit de l'erreur, de cette erreur qui plaît, qui séduit même, puisque l'inspiration lui vient de la poésie, cette fille idéale des cieux ! Mais il est dans les inspirations du beau le poète, lorsqu'il s'écrie : « O merveille infinie ! ô souffle ! ô essence dia-
« phane ! prête-moi donc tes ailes que je puisse m'élan-
« cer dans l'immensité et te suivre dans ces endroits
« réservés des cieux qui sont ta demeure habituelle,
« dans ces endroits où règnent le calme, la paix et le
« bonheur ! Mais tu t'éloignes, et tu sembles me dire :
« Pauvre mortel ! oublie-moi.

« T'oublier, souffle pur, quand je vois dans l'espace

« tous ces brillants reflets que ta céleste lumière guide
« dans l'infini des cieux. Oh! que je voudrais de même
« me mêler à leurs courants; mais la terre me retient,
« sa puissance est plus forte que mes désirs; je dois vé-
« géter encore : ne suis-je pas son enfant? »

Mais le divin poète ne lance pas toujours les éclairs de son génie pour chanter les merveilles de la nature; lorsqu'il ne fixe pas sa volonté et qu'il donne un libre essor à ses pensées, il devient alors un véritable disciple de la fiction.

Le poète qui chante les combats plaît à l'Arabe. A cet enfant de la nature peu importe la vérité de l'action, il lui faut une émotion vive et durable : il la trouve dans quelque Odyssée du désert.

Le poète qui chante les amours trouve de l'écho sous les tentes des tribus où se tient timidement confinée la jeune fille dont le cœur a parlé; peu importe la véracité des faits; il lui faut aussi à cette enfant du désert un aliment pour entretenir le foyer déjà ardent de ses nouvelles pensées.

Le poète qui chante une jeune beauté qu'il divinise

a sans doute une amante chérie ; il goûte près d'elle cet ineffable entraînement que fait naître l'objet qu'on aime, et alors, moins maître de lui, sous quelle inspiration écrit-il ?

Mais si, par un effort sublime de sa pensée, cette amante que ses vers immortalisent n'est en réalité qu'une aimable fiction, combien son génie doit posséder de puissance pour trouver, que dis-je, pour créer une semblable beauté !

Tu le vois, toutes ses œuvres qui plaisent, toutes ces créations qui nous charment et nous apparaissent toujours jeunes à travers les siècles, ne sont souvent que l'essence de ce que peut enfanter une brillante imagination.

Tu le vois, le poète, amant passionné des félicités idéales, ne se dirige que dans les vastes champs de l'inspiration, et sa pensée sous le charme d'un beau rêve, si elle soupire, n'est-ce pas pour s'égarer ?

Tu le vois, l'illusion aux désirs vagues, mais ardents, retrouve tout son empire dans l'esprit du poète, et, sous ses inspirations, la vérité, quelquefois délaissée, devient timide et se voile. Il est des poètes, mon fils, qui égarent le cœur des hommes : qu'on les juge par leurs écrits.

— Et cependant, Si-Ben-Kassem, la poésie charmera toujours nos loisirs.

— Oui, mon fils, et sais-tu pourquoi?

— Dis-le moi, Si-Ben-Kassem.

— Parce que les paroles des poètes arrivent au cœur de l'homme aussi douces, aussi parfumées que le vent qui a passé sur les fleurs.

— J'aimerai toujours la poésie, lui dis-je, dût-elle quelquefois m'offrir l'illusion à la place de la vérité.

— Je suis loin de vouloir la proscrire : elle est la nourriture de notre esprit, elle est même souvent nécessaire, je te l'ai dit, pour nous consoler.

— Aussi retrouve-t-on chez tous les peuples cette disposition qui les entraîne à aimer la poésie.

— Ceci t'explique une certaine influence de notre

organisme et qui est sympathique chez tous les hommes : c'est un échelon de l'harmonie qu'il serait facile d'étendre à l'infini. La poésie est une aspiration vers une perfection fictive, mais qui pourrait se transformer et amener cette fusion sublime de l'humanité.

— Ce serait peut-être bien difficile.

— Je t'ai dit que rien n'est impossible à l'homme.

— Ton idée est belle, Si-Ben-Kassem, et puisse-t-elle, comme tout ce que tu m'as dit, plaire à ceux qui ont la belle mission de diriger l'opinion de leurs semblables.

— Les pensées chez l'homme étant ce qu'il y a de plus fort, puisqu'elles sont le résultat de l'influence électrique, il faut que l'homme emploie sa volonté à les diriger toutes vers un but utile ; de cette persistance dans le bien naîtrait l'habitude de s'y complaire, et cette union qui nous est demandée viendrait couronner nos nobles efforts.

— Alors la poésie, dans cette belle mission, deviendrait réellement la fille du ciel.

— Oui, mon fils, elle serait le lien invisible, elle serait la personnification du feu sacré, de ce feu qui charme le cœur et l'esprit, de cette flamme subtile qui s'étend sur tous les hommes, et, semblable aux secousses électriques qui rendent solidaires tous les corps organisés, quelle que soit la distance qui les sépare, la sympathique ardeur qui remuerait l'humanité entière se produirait d'un hémisphère à un autre hémisphère ; ces élans vers le bien seraient unanimes, et dans ces conditions d'harmonie nous ne verrions plus ce spectacle affligeant de l'humanité souffrante : il n'y aurait donc plus ni malédictions ni blasphêmes, ces erreurs de l'homme disparaîtraient aussi sans retour.

Je pris la main de Si-Ben-Kassem, et je la serrai avec amitié.

— Tu es bon, lui dis-je, et tes conversations attachantes doivent influer sur le caractère de tes compatriotes qui ont le bonheur de te connaître.

— En entrant dans leur gravité, dans la simplicité de leurs mœurs, on parvient à attirer leur confiance, c'est te dire qu'il est toujours facile de les diriger. Si-Ben-Kassem m'engagea ensuite à faire notre promenade, et nous sortîmes du Château-Neuf pour aller visiter cette source d'eau thermale dont il m'avait parlé.

Le temps était magnifique, et cette pureté de l'air réagissait sur la population entière. Tout le monde était joyeux, la foule circulait dans les rues, sur les places et offrait le spectacle le plus animé.

En arrivant dans cette partie d'Oran qu'on nomme la Marine, l'animation était encore plus grande : des caisses et des ballots remplis de marchandises encombraient le quai et laissaient à peine un passage à la circulation ; des employés étaient occupés à marquer ces ballots qui, tout aussitôt, étaient enlevés et dirigés dans l'intérieur de la ville.

Oran est un des points importants du littoral par sa position voisine de l'Espagne, sa proximité du détroit de Gibraltar et par sa communication directe avec nos ports de la Méditerranée par le golfe de Lyon. Les îles Baléares, qui forment un point intermédiaire, assurent un refuge à nos bâtiments dans les mauvais temps, et elles concourent à rendre cette ligne une des plus sûres que nos vaisseaux sillonnent dans ces parages.

Toute cette partie d'Oran, qui longe la mer, est fort pittoresque. D'énormes rochers, taillés à pic, bordent le quai de la Marine et contiennent de vastes magasins qui datent du temps des Espagnols. Ces magasins servent de dépôt au commerce; de belles maisons françaises commencent aussi à s'y élever, et le bâtiment de la Douane, qui est une remarquable construction moderne, est placé tout contre la jetée.

Si l'on suit cette ligne de quais, on voit encore un beau bâtiment de l'époque espagnole : il contient des approvisionnements de grains destinés au service de l'armée. La construction, tout en pierre, annonce une grande solidité. Le rez-de-chaussée est voûté en plein cintre et forme de beaux celliers. A l'étage supérieur, on voit de beaux piliers en maçonnerie, partant de fond et arrivant jusqu'à la terrasse qui termine ce bâtiment. Ces piliers sont reliés entre eux par des voûtes demi-sphériques s'appuyant sur un départ en voûtes d'arêtes; ce raccord dans ces deux courbes n'est pas une des moindres difficultés qu'ont eues à surmonter les ingénieurs qui ont présidé à la construction de ce bel édifice. L'escalier lui-même présente une grande légèreté dans son exécution : c'est une difficulté d'art que l'on a surmontée : la rampe en fer est festonnée par des spirales sans nombre. Enfin on voit ici, comme dans beaucoup d'autres endroits, de belles traces de l'occupation espagnole.

Mers-el-Kébir est le véritable port d'Oran ; c'est là que se rendent les bâtiments de commerce ; de nombreuses barques sont ensuite employées à transporter les marchandises pour les déposer sur les quais de cette ville. Cependant, lorsque le temps le permet, on débarque directement à Oran ; mais cette facilité n'est pas souvent possible, et il y aurait même beaucoup de danger pour les navires lorsque le temps cesse d'être calme.

Le fort Lamoune termine la partie circulaire des quais, et, de cet endroit, qui domine toute la jetée, on voit au loin vers le large de nombreuses barques de pêcheurs. Cette industrie est exploitée uniquement par des Espagnols.

J'étais heureux de voir tout ce mouvement occasioné par le commerce, et, lorsque nous fûmes sur la belle route qui conduit à Mers-el-Kébir, je dis à Si-Ben-Kassem :

— Oran arrivera bientôt à l'importance commerciale que sa position lui permet d'espérer, et toi, qui prends part à nos succès de tous genres dans ce pays, tu dois ressentir la même sensation de plaisir que j'éprouve en ce moment.

— Oui, mon fils, cette ville change d'aspect tous les jours, rien ne s'oppose à ce que son agrandissement prenne un développement fort considérable, et tes compatriotes trouveraient ici de quoi occuper toute leur activité.

J'ai étudié l'histoire de ton pays, j'ai recherché les causes secrètes des révolutions qui ont si souvent agité votre belle France. J'ai vu que ton peuple a les instincts généreux, qu'il donnerait volontiers tout son sang pour conserver intact l'honneur de sa patrie, et si l'histoire de ta nation a des ombres qui refroidissent quelquefois le cœur de celui qui la sonde, elle a aussi des moments bien beaux, de ces époques fameuses qui font date et marquent les temps.

Mais je me disais : quel est donc le levier qui soulève parfois ce peuple au caractère si joyeux? qu'est-ce donc qui le rend quelquefois si menaçant? quelle est la cause qui fait que ce caractère français si doux, si paisible, s'élève quelquefois aux proportions terribles du travail des volcans? Et, après avoir bien réfléchi, j'ai dit : la France n'est pas assez grande pour être exploitée par toutes les intelligences qu'elle renferme; ces intelligences qui produisent sans cesse s'y trouvent à l'étroit : c'est là une des principales causes qui donnent naissance à ces tourmentes populaires.

C'est la loi de l'équilibre qui se révèle aussi dans ces effets surprenants des révolutions humaines.

Ces questions ne sont pas nouvelles, dès la plus haute antiquité elles ont agité les nations qu'une longue prospérité avait mises dans la nécessité de se séparer de quelques-uns de leurs enfants. La France doit suivre ces exemples que la sagesse des anciens peuples lui montre, et l'Algérie est la contrée la mieux exposée pour lui en faciliter les moyens.

Nous arrivions en ce moment à un endroit de la route où se trouve une grotte profonde fort remarquable; elle est creusée dans un de ces blocs énormes qui forment la base de la montagne où se trouvent placés les forts Saint-Grégoire et Santa-Cruz.

Cette grotte était d'abord renfermée dans le massif

de la montagne, et, en construisant la route, on a dû couper des quartiers de roc qu'on a jetés sur le talus opposé, du côté de la mer. La route étant achevée et déblayée, on a découvert une excavation, puis, en l'agrandissant, on a vu qu'elle précédait l'entrée d'un souterrain dont les sinuosités profondes sont encore à explorer.

Un amas de coquillages de toutes sortes est renfermé dans ce lieu, qui prend un aspect étrange lorsque vous vous y introduisez avec une torche. Les mille reflets lumineux qu'elle projette sur les parois du rocher vous éblouissent d'abord, puis vous font découvrir des merveilles qu'on ne pourrait décrire qu'imparfaitement. C'est un véritable trésor que la nature offre libéralement aux savants qui recherchent ces produits de la mer, et qu'une longue suite de siècles avaient tenus cachés. Sans apporter la même investigation minutieuse de la science, mes yeux et mon esprit étaient satisfaits d'un pareil spectacle, et Si-Ben-Kassem souriait en voyant l'empressement que je mettais à recueillir quelques-uns de ces beaux coquillages.

— Mais cette grotte, dis-je à mon vieil ami, et qu'on pourrait appeler la grotte des coquilles, semble avoir eu à une époque reculée une destination spéciale : j'aperçois sur les parois de ces murs la trace du travail de l'homme.

— Nos traditions nous disent que les anciens chefs du pays, mais il y a bien longtemps, ont commencé par élargir cette entrée, et peu à peu ils ont augmenté cette excavation, puis, lors des premières invasions dans ce pays par ces peuples venus de l'Europe, les habitants y cherchèrent un refuge.

— C'est ton opinion, Si-Ben-Kassem?

— Oui, et si l'on pouvait explorer ce souterrain dans toute son étendue, on y trouverait encore des objets qui ont appartenu à ceux qui l'ont habité.

— Ces objets seraient curieux à examiner; mais n'y aurait-il pas quelque danger à s'engager plus avant que nous ne le faisons?

— Il faudrait parcourir ce lieu avec beaucoup de prudence, car il est fort probable qu'il donne asile maintenant à des serpents : ces animaux doivent se plaire dans le silence perpétuel qui règne sous cette voûte sombre.

— Tu sais que c'est nous qui avons déblayé cette entrée, qui a été sans doute fermée par l'action du temps.

— Ce souterrain a été connu des Espagnols. Ce sont eux qui lui ont donné cette perfection que tu as remarquée. En quittant ce pays ils ont voulu faire disparaître toutes les traces de leur travail : voilà pourquoi vous l'avez trouvé fermé ?

— Ce souterrain a donc quelque relation avec les forts que nous voyons d'ici ?

— C'est probable. Il est toujours prudent de prendre des précautions contre l'ennemi, et l'Espagnol agissait avec intelligence. Son premier soin, lorsqu'il s'est emparé de ces belles contrées, a été d'élever des ouvrages défensifs, dont tu as admiré la perfection; puis, dans le silence, il s'est mis à creuser sous la terre et le roc pour se ménager des sorties qui devaient lui donner les moyens de surprendre ceux qui viendraient l'attaquer : il a su profiter de ce souterrain pour le faire servir à sa défense. On a mis dix-huit ans pour achever ce grand travail. Aujourd'hui, la tradition de ce fait a presque entièrement disparu. Ce lieu est devenu tout-à-fait insignifiant, et, s'il présente encore quelque attrait, ce ne peut être qu'aux savants qui veulent étudier la formation primitive de cet amas de coquillages; mais les hommes s'égarent dans la recherche de ces temps qui ne marquent que les âges du monde ; car, mon fils, les hommes ne peuvent étudier avec quelque succès que l'âge des nations.

Après avoir examiné cette grotte quelque temps nous continuâmes notre promenade.

Nous arrivâmes promptement aux bains de la Reine. L'établissement n'a rien de remarquable; en le visitant, ce sont des souvenirs qu'il faut invoquer, et, si l'on se transporte par la pensée au temps où il fut construit, l'on revient encore à l'époque de la domination espagnole.

Mon vieil ami, qui est très au courant de nos habitudes, et qui sait que l'usage des eaux thermales est souvent prescrit dans certaines de nos maladies, appela mon attention sur la possibilité d'utiliser cette source. Vous avez en France, me dit-il, beaucoup de familles riches qui vont prendre des bains dans les pays étrangers; si elles choisissaient l'Algérie, elles trouveraient sans doute ici les mêmes effets salutaires, et, de plus, elles auraient ce beau ciel qui leur rappellerait celui de l'Italie.

La réflexion de Si-Ben-Kassem prenait une nouvelle force de ce soleil d'Afrique qui montrait dans les cieux son orbite éclatant de lumière ; l'air, parfumé de ces odeurs pénétrantes que le thym et le lentisque répandent à profusion dans les montagnes, était rafraîchi doucement par cette bonne brise que la mer nous envoyait.

C'était une de ces belles journées comme l'Algérie en donne, sans les compter, à ses heureux habitants. La vue se reposait à chaque point saillant d'un beau paysage : c'était Mers-el-Kébir au loin ; c'était la ceinture de montagnes qui l'encadre ; c'étaient les mille paillettes brillantes que la mer reflétait sous l'action du soleil qui planait sur ses eaux, et qu'une traînée lumineuse séparait en zone argentée : c'étaient enfin les navires aux voiles blanches qui sillonnaient l'onde tranquille et majestueuse.

Mon vieil ami souriait à mes élans de gaieté et silencieux ; il pensait sans doute aux succès futurs de l'Algérie en voyant les séductions qu'elle offre à celui qui l'observe sans prévention.

— Je crois, lui dis-je, que l'homme, bien qu'il puisse vivre sous toutes les latitudes, ne pourrait s'empêcher de rechercher les pays favorisés par le soleil, s'il venait à les connaître.

— Un beau climat, mon fils, séduit toujours, et, lorsqu'on a vu l'Algérie, il est presque impossible de l'oublier.

— Cependant il est des affections tellement fortes qu'on ne saurait s'y soustraire : tu sais que l'homme est attaché à sa patrie et qu'il aime à revoir les endroits où s'est écoulée son enfance.

— Oui, mais lorsqu'il peut comparer, il est dans l'ordre des choses qu'il recherche toujours tout ce qui peut lui être agréable.

— Ce sont ses plus chères affections qui l'attirent; tu sais, Si-Ben-Kassem, que les peuples qui habitent les régions glacées meurent lorsqu'on les enlève à leur pays.

— Déplace ces affections, et qu'une génération passe sur ces peuples, ils aimeront alors le soleil.

— Ils le revoient chaque année, ils ressentent sa bonne influence, mais c'est bien peu de temps.

— L'action puissante du soleil subsiste toujours, et si elle échappe quelquefois à la vue de l'homme, la nature n'en est pas moins fidèle à sa mission : c'est là un des beaux effets de son travail incessant.

— Tu m'as dit que des bornes avaient été posées au soleil.

— Oui, il y a des endroits qu'il ne visite pas, mais cet agent universel dont le soleil est formé agit dans ces régions glacées, et la vie s'y manifeste comme sur les autres points de la terre.

— Mais, lui dis-je, cet agent, qui n'est autre que l'électricité, reparaît-il donc au centre de ces régions glacées?

— Oui, mon fils, cet agent universel se transforme encore pour ces lieux inhabités par l'homme.

— Mais cette transformation de l'électricité est donc indispensable?

— Pour animer il faut qu'elle se modifie suivant la position terrestre qu'elle parcourt.

Dans les glaces, ce fluide agit dans les conditions qui sont nécessaires; sans cela tout se désunirait et tomberait : c'est le lien universel. Il est le principe unique, aussi, pour ces contrées où l'homme ne pourrait habiter, l'oiseau aux blanches ailes, celui qui se plaît sur les vagues lorsque la mer fait entendre ses plaintes, visite ces endroits glacés. Pour lui, rien ne l'arrête; s'il joue au milieu des tourmentes, il plane silencieusement sur les mers polaires, et, lorsqu'il se repose, il choisit le sommet de ces montagnes de glaces que bercent des flots inconnus à l'homme.

La nature produit dans les profondeurs de ces mers des milliers de variétés du mouvement vital : on y voit ces étranges végétations dont les innombrables bras viennent enlacer ces rochers glacés. La vie est dans ces lieux, et cependant les rayons du soleil ne s'y font pas sentir, mais son principe s'y trouve et agit sans cesse.

— Je le vois, il est l'interprète de cette loi qui règle l'univers.

— Cela est ainsi : Dieu est grand, et ses œuvres nous révèlent sa puissance. Vois, mon fils, quel admirable rapport la création a dans son ensemble.

La terre, ce grand corps qui se meut dans l'espace, est un être animé; son organisation est en tout semblable à celle de l'homme; de même que lui elle a ses veines renfermées dans son sein, et l'eau qui les parcourt vient par son doux contact donner la vie aux germes qu'elle est chargée de pénétrer. Cette eau reçoit de ce principe vivifiant qui la traverse le pouvoir de féconder.

Nous aussi, mon fils, nous puisons sans cesse dans le sein de la terre ce fluide qui vient animer notre sang et qui le force à parcourir tout notre être.

Quel travail immense la terre accomplit silencieusement dans le cours des âges. Vois comme les générations sur elle se balancent; vois comme elle reprend aux humains ce qu'elle leur a donné; mais c'est une bonne mère, car elle rendra plus pur ce qu'elle leur a retiré.

Le cœur de la terre est placé au fond des océans : c'est le filtre qui est chargé de purifier et de rendre aux veines de la terre ce qu'elles perdent journellement.

Quel travail merveilleux se produit également en nous ! Vois notre cœur, il est aussi le filtre qui reçoit et répand sans cesse ce qui est nécessaire à notre existence.

Les fleuves et les rivières sont les veines principales de ce grand mouvement; elles doivent entraîner dans leur cours les impuretés répandues sur la terre, et arriver toutes bourbeuses à ce filtre que Dieu a créé.

La mer, quel imposant spectacle elle nous offre ! et comme l'homme se sent petit lorsqu'il s'abandonne à ses capricieuses vagues.

La mer, c'est la source purifiée qui entretient les mondes; c'est l'alambic qui reçoit toutes les eaux de la terre; c'est l'instrument admirable chargé de les distiller.

C'est cette fusion des eaux qui la rend mobile et qui donne naissance aux tourmentes. L'air s'agite à ce mouvement immense, alors un vent s'élève, et il est à redouter lorsqu'il présage un orage par son souffle de feu.

Oui, mon fils, l'eau est à la terre ce que notre sang est à notre corps ; sans ce précieux aliment nous ne pourrions exister ; de même, sans eau, la terre serait stérile.

— Oh ! alors, lui dis-je, pourquoi donc la terre ne donne-t-elle pas partout l'abondance ? Pourquoi y a-t-il des pays dépourvus de cette action de féconder ?

— Vois l'homme, examinons-le attentivement, nous arrivons à reconnaître que son sang n'est pas répandu également, et, si nous n'avions le soin de piquer une de ses veines principales, le sang ne jaillirait que goutte à goutte. Il en est de même pour la terre : c'est la veine principale qu'il faut sonder pour faire jaillir l'eau tant désirée, ou bien nous n'obtenons que l'eau de ses petites sources qu'un accident peut faire disparaître puisqu'elles ne sont pas comprises dans ses artères.

Vois comme la nature se dévoile lorsqu'elle est jugée dans son ensemble ; ces grandes veines, où l'eau coule avec abondance, entretiennent cette fraîcheur dont la terre a besoin; mais l'homme, s'il sait se pénétrer de cette loi, pourra, en examinant avec attention ces productions qui naissent sous l'action des émanations humides, marquer avec précision la place qui donnera l'eau si impatiemment attendue.

Maintenant, mon fils, jette les yeux sur l'astre qui nous éclaire; vois-le s'emparer des gaz que les eaux laissent échapper, il les mêle et forme ces nuages qui s'amassent à son moindre commandement.

Mais il arrive parfois que le soleil, dans cette part de travail qu'il a dans l'univers, s'agite avec trop d'ardeur; l'électricité qu'il attire de la terre lui arrive en trop grande quantité, l'échange en est troublé; si cet effet devait se produire avec persistance, l'équilibre cesserait. Mais l'Eternel, dans sa sagesse, a créé ces étoiles brillantes à la longue chevelure, dont la mission est de venir, à des temps voulus, s'interposer pour modérer cette action du soleil : c'est la balance. Tu le vois, des forces viennent toujours s'opposer à d'autres forces : c'est la loi de cet équilibre parfait qui règle l'univers, et Dieu seul peut en décider autrement.

Quelle belle étude la nature offre à l'homme! Comme

cet ensemble se rattache à un seul principe! tout se lie et se prête un mutuel concours. La nature n'a qu'une loi : rien, pas même un grain de sable, ne peut disparaître. L'homme, à chaque pas qu'il fait dans la science, constate l'accord le plus parfait. La terre conserve tout, excepté les pensées de l'homme, car elles sont le produit de l'essence terrestre, et, si l'homme peut accomplir cette belle mission de régénération, cette essence s'échappe et quitte alors la terre pour aller dans l'étoile où elle est attendue. Combien cette idée doit pénétrer de reconnaissance envers le Créateur qui a mis l'espérance dans le cœur de l'homme!

En quittant les bains de la Reine, qui avaient donné à mon vieil ami l'occasion d'ajouter encore de nouvelles réflexions à ce qu'il m'avait déjà dit sur l'influence de l'électricité, nous rencontrâmes une famille israélite qui profitait d'un jour de fête pour explorer cette partie des environs d'Oran.

Les hommes étaient vêtus de noir et de brun, c'est-à-dire, leur turban, leur veste et le gilet à la turque, avaient ces couleurs sombres; puis un large pantalon, de belle toile grise, arrêté à leurs genoux et serré par une ceinture de soie, complétait ce costume auquel s'ajoutait encore un burnous, d'une blancheur éclatante, qui était jeté négligemment sur leurs épaules.

Les femmes avaient des robes de satin brun et des corsets de velours vert, brodés d'or sur les coutures et principalement sur toute la partie qui recouvre la poitrine; un foulard en soie aux couleurs brillantes couvrait leur tête; elles étaient charmantes, ces jeunes femmes israélites, avec leurs bracelets, leurs colliers en pierres fines, et leur grand schall de laine rouge, bordé d'or, qui leur servait de voile. Elles avaient pour chaussure de petites babouches rouges, pailletées d'or. Mais ce qu'il y avait d'étrange comme complément à leur toilette, c'était le henné qui avait teint en couleur orange la paume de leurs mains, leurs ongles et la plante de leurs pieds.

— Je demandai à Si-Ben-Kassem pourquoi les femmes arabes et israélites se servent du henné comme ornement?

— Il y a dans l'usage que l'on fait de cette plante un but utile : le henné donne de la force au sang, et les femmes qui s'en servent souffrent moins de la transpiration. Voilà pourquoi cette plante est aimée des femmes de l'Orient.

— Les Arabes cultivent le henné avec beaucoup de soin, lui dis-je.

— Oui, et si tes compatriotes s'adonnaient aussi à cette culture, ils y trouveraient un grand avantage : elle serait pour eux la source d'une spéculation très-lucrative avec les indigènes.

Nous revînmes ensuite à Oran, en prenant par la montagne.

Un sentier nous conduisit tout près du fort Saint-Grégoire ; le fort de Santa-Crux était au-dessus de nous, et un petit poste crénelé, qui domine la porte neuve, se voyait au loin caché en partie dans un pli du terrain.

Nous vîmes une famille arabe qui avait dressé ses tentes non loin de cet endroit. Les femmes revenaient chargées d'eau et de bois.

Chez les Arabes nomades, ce sont les femmes qui ont la mission de faire ces approvisionnements que l'on recommence chaque jour.

L'eau est contenue dans des outres, faites avec des

peaux de boucs; le bois se trouve à profusion dans les broussailles que le revers de la montagne contient en assez grande quantité, et que l'on trouve également dans les plaines. Ce travail est pénible, aussi lorsque la tribu est un peu à l'aise, elle a recours à de jeunes ânes vigoureux et pleins d'ardeur pour porter ces sortes d'approvisionnements.

Si-Ben-Kassem s'arrêta un instant pour causer avec ses compatriotes. Pendant ce temps, j'examinais tout ce beau paysage qui se deroulait devant moi.

Mon vieil ami glissa quelque argent dans la main des enfants qui venaient nous saluer et cherchaient à jouer avec nous.

Nous leur dîmes adieu, puis nous rentrâmes à Oran.

XIV

LE MANUSCRIT

Mon cher Georges, les félicités de ce monde sont de courte durée : me voici obligé de quitter cette Algérie que j'aime. Je viens de recevoir des nouvelles de ma famille, et mes intérêts me forcent à rentrer en France.

Aussitôt que j'eus reçu ces lettres, j'écrivis à Si-Ben-

Kassem pour le prévenir de la nécessité où je me trouve de quitter ce pays; il vint aussitôt chez moi, et il ne put me cacher sa surprise et même le chagrin qu'il éprouvait de ce départ précipité.

— Tu vas partir, me dit-il, tu vas donc faire comme tous les autres Français, tu ne reviendras plus, et ce pays que tu paraissais affectionner sera bientôt loin de tes souvenirs.

— Je te promets, Si-Ben-Kassem, que je ferai tout ce qui dépendra de moi pour venir te retrouver.

— Je veux croire à ta parole, mon fils, il me serait trop pénible de penser que je ne te reverrais plus !

— Je quitte ce pays avec beaucoup de regrets; mais tu ne peux ignorer qu'il y a des exigences de famille qui vous obligent à sacrifier vos plus chères affections.

— Pars, mon fils, puisque tes intérêts l'exigent ; mais avant je veux réaliser la promesse que je t'ai faite ; sois prêt ce soir, je viendrai te chercher au coucher du soleil.

Cette dernière recommandation de mon vieil ami me

fit comprendre que j'allais être enfin le possesseur du manuscrit d'Horem.

A l'heure dite, Si-Ben-Kassem vint me prendre ; nous sortîmes par la porte Neuve, et nous gravîmes lestement la montagne du Santon. Arrivés au col, je demandai à mon vieil ami de nous arrêter un moment : j'étais fatigué, j'avais besoin de me reposer, je m'assis sur un quartier de roc.

La lune brillait déjà au ciel, mais sa lumière était pâle et ne jetait que quelques reflets vacillants sur les aspérités des rochers d'alentour.

On apercevait Mers-el-Kébir qui se détachait sur le fond sombre de l'horizon par une infinité de petites lumières qui se voyaient dans chaque habitation.

Le phare lui-même était illuminé à son sommet, et la clarté changeante de ses signaux se reflétait sur la surface de la mer.

Adieu, me disais-je, lieux solitaires que j'ai tant aimés ! Peut-être ne vous reverrais-je plus que dans l'horizon de mes pensées !

Adieu, rochers qui étiez mes amis! Vous aussi vous allez disparaître de ma vue; mais je vous retrouverai toujours dans mes souvenirs; je ne pourrai oublier cette émotion profonde que vous m'avez donnée lorsque je vous vis pour la première fois.

Adieu, beau paysage que j'ai si souvent admiré! L'astre des nuits est la seule lumière qui t'anime en ce moment; sa clarté vacillante te donne quelque tristesse, et c'est à peine si je puis découvrir les sinuosités de tes collines!

Et toi, Mers-el-Kébir, premier témoin de l'invasion de ce pays par les fiers Espagnols qui t'ont commandé en maîtres pendant plus de deux siècles, aujourd'hui c'est ma patrie qui te protège, et puisse son influence durer toujours sur tes belles contrées!

Je me levai avec regret, et nous arrivâmes promptement au sommet du plateau. Le marabout était devant nous. La lune éclairait le dôme de ce petit édifice et quelques pans de murs des deux cours qui lui sont contiguës. Les parties restées dans l'ombre se détachaient du terrain et permettaient d'embrasser tout l'ensemble de cette construction.

Je n'avais jamais été si bien disposé pour en saisir tout le caractère religieux qu'à ce moment solennel où deux amis, confiants dans leurs sentiments l'un pour l'autre, n'avaient pas hésité, à cette heure avancée, de se rendre dans ce lieu solitaire pour satisfaire aux vœux d'un mourant.

Au lieu d'entrer dans le marabout, Si-Ben-Kassem se dirigea dans l'intérieur de la première cour, espèce d'enclos entouré de murs. Il me fit signe d'approcher, et, en me montrant un endroit du terrain : C'est là, me dit-il, que repose le corps d'Horem !

C'était précisément la place où j'avais vu mon vieil ami agenouillé le jour que je le rencontrai la première fois.

Lorsqu'il se rendait au marabout aux époques qui y attiraient ses compatriotes en mémoire de leur Santon, lui, c'était pour son ami qu'il priait.

Pauvre Horem ! il était bien regretté !

Si-Ben-Kassem frappa trois fois dans sa main, et je vis sortir de la seconde cour un Arabe muni d'une pioche.

— Qu'est-ce que cela? dis-je à Si-Ben-Kassem.

— C'est mon vieux serviteur qui m'a aidé à déposer ici le corps d'Horem ; ne crains rien, il est fidèle.

Un vieux nègre, à la barbe rare et blanche, s'approcha de nous; il baisa la main de son maître et se mit à piocher à l'endroit qu'il lui montra.

Au bout d'une demi-heure, il avait mis à découvert une dalle qui était munie d'un anneau en fer; il passa le manche de sa pioche dans cet anneau, et nous l'aidâmes à renverser la pierre.

Quel ne fut pas mon étonnement en apercevant des marches qu'éclairait la lune et qui devaient probablement communiquer à un petit caveau !

Ce travail préparatoire, exécuté dans des circonstances si étranges, m'avait vivement impressionné.

J'entendais au loin les murmures de l'air, et tout mon être tressaillait; je cherchais à analyser ces bruits que la nature, au gré de sa volonté, répandait dans l'espace.

Si-Ben-Kassem écouta aussi, puis il fit un signe à son vieux serviteur.

Le vieux nègre fit du feu, alluma une bougie, et nous descendîmes tous trois dans un même silence ; lorsque nous arrivâmes au bas de l'escalier, nous étions dans un caveau que le roc avait formé naturellement.

Je remarquai trois tablettes de marbre incrustées dans les parois du rocher. Une inscription touchante était gravée sur l'une d'elles ; on y lisait ceci :

« Dormez en paix, restes de mon ami ! »

La deuxième tablette ne portait que ces mots :

« Je lègue mes pensées à l'humanité ! »

La troisième tablette avait deux anneaux enlacés, symbole d'une alliance intime.

L'amitié se divinise lorsqu'elle est sollicitée par de semblables fictions, et comme l'image de ces deux anneaux enlacés représente bien la sympathique tendresse du sentiment si simple et si profond de l'amitié !

Si-Ben-Kassem me donna un troisième anneau que j'enlaçai aux deux autres : ce fut le seul serment qu'il me demanda.

Souviens-toi toujours, me dit-il, de l'alliance que tu déposes ici, et que les soucis du monde que tu vas fréquenter, que les distractions dont tu seras entouré dans ton beau pays ne te fassent jamais perdre le souvenir de l'engagement suprême que tu prends en ce moment !

N'oublie pas que nous sommes les deux flambeaux qui doivent éclairer cette tombe ! Elle recèle dans son sein toutes les pensées d'un monde dont la source intellectuelle ne périra jamais.

Nous allons les retirer du lieu où elles sont renfermées, assez longtemps elles sont restées dans l'oubli !

Il prit ensuite une clé d'argent et se tourna vers moi pour appeler mon attention. Il ouvrit une petite porte ménagée dans la tablette de droite, à l'endroit où reposait le corps d'Horem. Approche, me dit-il, et regarde son portrait, marque touchante de son éternel souvenir !

Horem était représenté à l'âge de cinquante ans, âge

qu'il avait peu de temps après son arrivée dans la famille de Si-Ben-Kassem. Ses traits étaient gracieux, bien que les années les eussent déjà altérés. Une imperceptible contraction se voyait sur son front; une pensée dominante semblait l'occuper, et, dans une organisation comme fut celle d'Horem, quel est le sentiment qui paraissait persister en lui et qui le préoccupait si profondément? Que se passait-il dans son âme? le manuscrit que j'allais enfin posséder me le révélerait sans doute.

L'organisation de cet homme a dû être puissante, son instruction bien supérieure pour lui avoir inspiré une philosophie aussi douce et aussi simple. Je pouvais en juger par son élève qui en était le vivant reflet.

Si-Ben-Kassem s'était agenouillé, je vis ses yeux se remplir de larmes; il prononça ces paroles d'une voix tremblante : J'exécute tout ce que j'ai promis. Il se leva ensuite et ouvrit la deuxième tablette qui masquait une anfractuosité du rocher, mais, au moment où il allait y plonger la main, il nous sembla entendre des pas au-dessus de nos têtes. Si-Ben-Kassem se retourna vivement et fit un signal au vieux nègre qui veillait à l'entrée du caveau.

Nous entendîmes le bruit de plusieurs voix humaines; mon vieil ami se rapprocha de moi, il se soutenait à peine, il craignait d'être surpris, il tremblait pour le manuscrit d'Horem. J'avoue que moi-même j'éprouvais un de ces sentiments de crainte qui suspendent un moment les battements du cœur. Le vieux nègre veillait toujours dans le plus profond silence. Les voix que nous avions entendues faiblissaient en s'éloignant, puis, par moment, elles redevenaient plus sonores.

En effet, le Santon se trouvait visité : des Arabes, dans leur fanatisme, avaient choisi la nuit pour venir le prier. Ils avaient passé le long du mur qui forme la première cour pour se rendre dans le marabout sous lequel est enterré leur Santon.

Nous étions silencieux et respirions à peine. Après quelques moments passés dans l'anxiété, nous entendîmes leurs chants religieux qu'ils adressaient à l'Être suprême. Ils restèrent une demi-heure à peu près pour accomplir ce pèlerinage nocturne, puis ils s'éloignèrent, et ces lieux reprirent leur silence habituel.

Nous écoutions toujours pour saisir le bruit de leurs pas, mais on n'entendait plus que le vent qui soufflait légèrement et semblait bercer tout ce qui s'agite et respire.

Si-Ben-Kassem m'entraîna alors dans le fond du caveau. L'instant suprême est venu, mon fils, reste toujours digne de ma confiance.

Il allongea ensuite le bras et il retira une boîte qu'il déposa tout contre moi à mes pieds. Voici, me dit-il, le résultat des travaux d'Horem, de toutes ses recherches dans les écrits des anciens; avant qu'il les remît au jour, ils avaient dormi bien des siècles. Tu y trouveras aussi le résumé de toutes ses pensées : elles n'en paraîtront que plus belles lorsque l'on connaîtra la source où elles ont été puisées.

Horem, mon fils, avait compris la parole de Jésus; il savait que le Sauveur des hommes avait voulu instituer une société de pèlerins qui devaient, sur tous les points de la terre, enseigner sa morale ; aussi, dans les pays où mon ami a séjourné, il y a fait comprendre les beautés de l'Évangile.

Faisons maintenant nos adieux à ces lieux respectés; le hasard m'a fait découvrir ce caveau, et personne ne le reverra. J'ai promis que les restes de mon ami seraient pour toujours cachés, que la curiosité importune ne les visiterait jamais.

Ce simple monument que j'ai élevé à la mémoire de celui qui fut mon bienfaiteur, de celui qui fut le guide de ma jeunesse, je le transporterai avec soin en un lieu moins fréquenté par les hommes.

Je pris la boîte en silence, et nous remontâmes l'escalier du caveau.

La lune avait disparu, des nuages sombres obscurcissaient le ciel. Le vent s'élevait et devenait plus fort.

Les impressions diverses que j'avais éprouvées dans cette nocturne excursion augmentèrent encore à l'approche de la tempête que ces sons plaintifs répandus dans l'air nous annonçaient.

Nous remîmes la dalle que le vieux nègre recouvrit de terre, puis il marcha dessus pour la tasser.

Il alluma ensuite des branches sèches au-dessus du caveau pour faire disparaître les traces de son travail et pour simuler un campement d'Arabes dans cette partie retirée du marabout du Santon.

Si-Ben-Kassem et le vieux nègre étaient silencieux ; je respectai leur recueillement qui traduisait l'émotion profonde qu'ils ressentaient.

Le vent redoublait de violence, et c'est avec beaucoup de peine que nous redescendîmes la montagne du Santon.

Rentré chez moi, je m'empressai, aidé de mon vieil ami, d'examiner le manuscrit. Il est écrit en arabe et porte pour titre :

Explications des Écritures saintes, des Rites sacrés de l'antiquité et des Mystères de la nature.

Histoire des sources humaines ou des fluides naturels.

Je vis que ce manuscrit, assez volumineux, était tout un trésor, et je me promis d'en livrer quelques passages à la publicité aussitôt que les circonstances me le permettraient.

Je viens de faire mes adieux à Si-Ben-Kassem. Tu comprendras, mon cher Georges, les regrets que j'ai éprouvés en quittant ce beau vieillard dont les conversations poétiques ont toujours eu le pouvoir de faire vibrer en moi les cordes de l'harmonie, et qui, tout en remuant les plus subtiles régions de mon cœur, a su y apporter le calme.

FIN.

NOTES

Page 43. (*Nos traditions nous révèlent la sagesse de nos ancêtres; ils n'ont jamais cherché à fatiguer la terre, et pourtant ils ont opéré des prodiges dans l'art de la cultiver.*)

« L'agriculture méritait, chez les Arabes, le nom de science, quand elle n'était qu'un labeur dans le reste du monde. Ils introduisirent en Espagne la culture du riz, celle du mûrier avec l'établissement des manufactures de soie, ...
. . . .
Don José Antonia Banqueri a traduit sur le manuscrit conservé à la bibliothèque de l'Escurial un grand Traité d'Agriculture, composé par Abou-Zaqariah-al-Awam, de Séville, qui prouve à quelle hauteur de vues, à quelle perfection de détails s'était élevée dans l'Espagne musulmane cette science nourricière des États. »

Essai sur l'Histoire des Arabes et des Mores d'Espagne, par Louis Viardot, tome 2.

Page 49. (*Enfin, je te dirai, mon fils, pour terminer cette longue conversation, que c'est par la manière dont les peuples sont gouvernés qu'ils progressent ou bien qu'ils décroissent.*)

« Au moyen-âge, l'agriculture fut sinon rétrograde, au moins stationnaire sous le régime oppresseur de la féodalité, au milieu des déchirements, des dévastations de toute espèce, des déprédations et des exactions des seigneurs et de leurs impitoyables soudards, qui laissaient à peine à l'homme des champs de quoi soutenir sa pénible existence. Aussi, quoique la population fût peut-être plus de moitié moindre de ce qu'elle est aujourd'hui, les famines furent-elles plus fréquentes dans cette longue période; car l'histoire a consigné de ces temps calamiteux des détails qui font frémir : des troupes de gens affamés courant les bois et les champs pour y dévorer les herbes, les bourgeons ou les feuilles; d'autres, etc., etc. »

L. Gaudeau, *Hist. Gén. de tous les peuples, progrès de l'esprit humain*, tome III.

Page 133. (*Non, elle est le principe unique sous mille formes; elle est l'âme de la terre : c'est elle qui anime tous les corps, et elle se modifie en raison des objets qu'elle traverse ou pénètre : penser autrement, c'est reconnaître la vie entière sans en avoir le flambeau.*)

« Plus je considère ce que les anciens ont entendu par *éther* et *esprit*, et ce que les Indiens nomment l'akache, plus j'y trouve d'analogie avec le fluide électrique. Un fluide lumineux remplissant l'univers, composant la matière des astres, principe de mouvement et de chaleur, ayant des molécules rondes, lesquelles s'insinuant dans un corps, le remplissent en s'y dilatant, quelle que soit son étendue, quoi de plus ressemblant à l'électricité ? »

Volney, *les Ruines*, notes.

Page 169. (*Il a le soin de mettre dans le trou qui doit recevoir l'arbuste des cendres de cotonnier.*)

« Un procédé qui donne de la force au *limonier* en même temps qu'il le rend plus productif, c'est celui-ci. On prend de la *graine de cotonnier*, des branches d'oranger ou de citronnier, on les brûle ensemble, on recueille la cendre qu'on pétrit avec de la lie de vin. On fait sécher cette espèce de pâte, on la pulvérise, et cette poussière se projette sur les feuilles en même temps qu'on la répand sur les racines. Cette opération, plusieurs fois répétée, est extrêmement profitable à l'arbre sous tous les rapports. »

Extrait du *Traité d'Agriculture arabe* d'Ibn-al-Awam, de Séville, art. 32, chap. vii. Edit. de Banqueri, Madrid, imp. R. 1802. In-fol. 2 vol. — D'après Abou'ljaïr, agriculteur arabe.

(Traduction inédite par M. Clément-Mullet, membre de la Société asiatique.)

Page 172. (« *La poésie vient trouver les hommes qui habitent la terre où croit l'oranger.* »)

Suivant le Traité d'Agriculture Nabathéenne, Adam, à qui Dieu fasse miséricorde, nomme l'oranger : *l'arbre de la pureté*. Ibn-al-Awam, chap. xii, art. 29.

(Traduction inédite de M. Clément-Mullet, membre de la Société asiatique.)

Page 174. (*Je ne me lasse pas de regarder avec quel art tes compatriotes savent distribuer les eaux pour féconder le sol.*)

Les Arabes construisirent en Espagne « des *silos* ou greniers souterrains, des *azequias* ou canaux d'irrigation, des norias ou machines pour rassembler et puiser l'eau. Les provinces de Valence et de Grenade (surtout la première, parce que les Morisques y ont séjourné plus longtemps), où l'on a conservé quelques traditions de la culture arabe, offrent encore un modèle achevé du système d'arrosement et d'assolement des terres. »

Essai sur l'Histoire des Arabes et des Mores d'Espagne, par Louis Viardot, tome 2.

Page 193. (*Je fis part de cette réflexion à Si-Ben-Kassem. Je savais qu'il avait étudié cet art avec son ami Horem, et qu'il y était même expert.*)

« La réputation des médecins arabes était si grande qu'on vit un roi des Asturies, Sancho Ier (958), venir à Cordoue chercher la guérison d'une hydropisie dont il était affecté. Si les Arabes avaient porté si haut la science de la médecine, c'était en l'aidant des sciences naturelles auxquelles elle emprunte ses moyens : la botanique, dont la science était populaire parmi eux, et la chimie, inconnue dans l'antiquité, dont nous leur devons les premiers éléments. »

Essai sur l'Histoire des Arabes et des Mores d'Espagne, par Louis Viardot, tome 2.

TABLE

		Pages
Préface.	. . . .	V
I	L'Arrivée	1
II	La Rencontre	9
III	La Colonisation.	27
IV	Les Cimetières	51
V	Le Récit.	75
VI	Suite du Récit.	111
VII	Suite et fin du Récit	141
VIII	La Vallée des Jardins	159
IX	Suite et fin de la Vallée des Jardins	181
X	La Ruine du Pirate.	205
XI	Suite et fin de la Ruine du Pirate.	229
XII	La Croyance.	245
XIII	Les Bains de la Reine	271
XIV	Le Manuscrit	303
Notes.	. . . .	317

TROYES
TYPOGRAPHIE CARDON
Rue Moyenne, 2

www.ingramcontent.com/pod-product-compliance
Lightning Source LLC
Chambersburg PA
CBHW062007180426
43199CB00033B/1345